张晓月 郑 莹◎副主编

知识产权读本

Basics of Intellectual Property

经济管理出版社

ECONOMY & MANAGEMENT PUBLISHING HOUSE

图书在版编目（CIP）数据

知识产权读本 / 支苏平主编 . —北京：经济管理出版社，2017.3

ISBN 978-7-5096-5033-2

Ⅰ.①知…　Ⅱ.①支…　Ⅲ.①知识产权保护—基本知识—中国　Ⅳ.① D923.404

中国版本图书馆 CIP 数据核字（2017）第 054283 号

组稿编辑：张　艳

责任编辑：杨　雪　赵喜勤　丁慧敏

责任印制：黄章平

责任校对：超　凡　王纪慧

出版发行：经济管理出版社

（北京市海淀区北蜂窝 8 号中雅大厦 A 座 11 层　100038）

网　　址：www.E-mp.com.cn

电　　话：（010）51915602

印　　刷：玉田县昊达印刷有限公司

经　　销：新华书店

开　　本：710mm × 1000mm / 16

印　　张：11.25

字　　数：161 千字

版　　次：2017 年 3 月第 1 版　2017 年 3 月第 1 次印刷

书　　号：ISBN 978-7-5096-5033-2

定　　价：39.00 元

序 言

从工业革命到信息革命，全球的经济、科技以及文化生活正以惊人的速度发生变化。知识作为一种新的生产力，价值贡献迅速超越了劳动力和资本等传统要素。知识的所有权也成为个人、企业以及国家竞争中最为重要的一种要素禀赋。19世纪末起，国际社会就开始对知识产权的保护达成广泛的共识。直至今天，知识产权的内容和形式、相关的制度和法律都还在继续演化。

2013年，美国商务部公布了新的国民生产总值（GDP）的统计方式，在全球率先将知识产权纳入经济核算中。2015年，引起各方瞩目的TPP谈判，知识产权问题是其中一个焦点。2016年，东盟已经开始启动第二个知识产权行动计划。2017年，第十一版商标尼斯分类即将生效。中国也在2015年发布了知识产权强国意见，2017年又制定了"十三五"知识产权保护和运用规划。

成长于信息爆炸时代的大学生，也许并没有注意到以上事件，或并没有意识到这些事件给世界或中国会带来哪些变化。我国知识产权教育落后于知识产权实践，从大学生知识产权意识的淡薄便可窥见一斑。早在2008年，《国家知识产权战略纲要》就明确了"将知识产权教育纳入高校学生素质教育体系"的任务，近几年全国各地的知识产权教育工作也在大力开展，但知识产权教育要普及，仍任重而道远。

在知识产权正在逐渐走入大学课堂之际，很欣慰看到这本《知识产权读本》的诞生。青年一代若缺乏知识产权意识，何以继承上下五千年的文明，何以推动未来社会的创新。尽管我们深知，教育所需，不啻一书，但愿其涓涓细流，终成江海。

CONTENTS
目 录

第一章
知识产权的概念、起源和发展

第二章

我国知识产权相关政策和法律知识

第三章

知识产权应用实务

第四章

大学生身边的知识产权

第一章

知识产权的概念、起源和发展

第一节

什么是知识产权

　　同学们，你们知道吗，一辆最普通的汽车也可能包含成百上千件专利，而一部高端智能手机涉及的技术专利甚至高达数十万件。细心的同学可能会发现，我们平时看的网络小说、听的流行音乐现在都开始收取一定的费用，国外电影、电视剧的字幕翻译也被禁止在网络上公开传播。这些专利、商标、版权等生活中常见的内容就是我们所说的知识产权。

一、知识产权的定义和范围

　　知识产权（Intellectual Property）是指人们就其智力劳动成果所依法享有的专有权利，通常是国家赋予创造者对其智力成果在一定时期内享有的专有权或独占权。知识产权在我国 20 世纪七八十年代曾被称为"智力成果权"，我国台湾地区称其为"智慧财产权"。根据知识产权所保护客体的范围不同，分为广义知识产权和狭义知识产权。

（一）广义知识产权的范围

1.《建立世界知识产权组织公约》划定的广义知识产权范围

广义的知识产权见于《建立世界知识产权组织公约》^①(WIPO) 所划定的范围，它包括一切人类智力创作的成果。该公约第二条具体规定了以下权利：

（1）关于文学、艺术和科学作品的权利即著作权或版权；

（2）关于表演艺术家演出、录音和广播的权利，即主要指邻接权；

（3）关于人类发展的一切领域的发明和权利（一切领域的发明，既包括专利发明，又包括非专利发明）；

（4）关于科学发现的权利，即发现权；

（5）关于工业品外观设计的权利；

（6）关于商标、服务标志、厂商名称和标记的权利，即主要指商标权、商号权等识别性标记权；

（7）关于制止不正当竞争的权利，即反不正当竞争权；

（8）一切来自工业、科学、文学或艺术领域的智力创作活动所产生的权利。

2. WTO 中《与贸易有关的知识产权协定》^②的第七款对知识产权范围的规定

（1）著作权及其相关权利（即邻接权）；

（2）商标权；

（3）地理标志权；

（4）工业品外观设计权；

（5）专利权；

---

① 《建立世界知识产权组织公约》（The Convention Establishing the World Intellectual Property Organization）简称 WIPO 公约，是世界知识产权组织（WIPO）赖以组成的文书，于 1967 年 7 月 14 日在斯德哥尔摩签订，1970 年生效，并于 1979 年作出修正。更多内容参见 http://www.wipo.int/treaties/zh/convention.

② 《与贸易有关的知识产权协定》（Agreement on Trade-Related Aspects of Intellectual Property Rights），中文文献通常简称 TRIPs 或 TRIPs 协定。该协定是世界贸易组织（WTO）法律框架的组成部分。

（6）集成电路布图设计权；

（7）未公开信息的专有权。

3．我国《民法（草案）》第八十九条对知识产权范围的规定[①]

（1）文学、艺术、科学等作品及其传播；

（2）专利；

（3）商标及其他商业标识；

（4）企业名称；

（5）原产地标记；

（6）商业秘密；

（7）集成电路布图设计；

（8）植物新品种；

（9）发现、发明以及其他科技成果；

（10）传统知识；

（11）生物多样化；

（12）法律规定的其他智力成果。

（二）狭义知识产权的范围

1. 版权（著作权）

英美法系称版权，我国称著作权，是版权的同义语，也有人把它概括为文学产权（Literature Property），指文学、艺术和科学作品的著作权人（包括创作者、传播者和其他著作权人）根据法律规定对其智力成果所享有的专有权利，它包括著作人身权和著作财产权。版权的主要范围是：

（1）文学、艺术和科学作品；

（2）邻接权作品：演出（表演）、录音、录像和广播作品；

---

① 全国人民代表大会常务委员会法制工作委员会 2003 年 12 月 23 日印发。

（3）计算机软件作品（包括计算机软件文档资料和计算机操作程序两个部分，近年来被多数国家列为版权保护的一种作品）。

2. 工业产权

工业产权指法律赋予人们在工商业领域中为使用而做出的创造性构思或区别性标识的专有权。其中"工业"一词包括工业、农业等各个产业部门，还包括商业等经贸企业。工业产权范围包括：

（1）专利：是指依法批准的发明人或其权利受让人对其发明成果在一定年限内享有的独占所有权。根据我国《专利法》规定，专利分为发明专利、实用新型专利、外观设计专利三种。

（2）商标：俗称商品的名称，是商品生产者或经营者精心设计后，人为地、有意识地置于商品上的一种专门的可视性标志。

（3）服务标记：服务行业的专用标志。也称"服务商标"或"劳务标志"。根据《尼斯协定》（第九版），服务业包括 11 类：广告与实业、保险与金融、建筑与修理、电信、运输与贮藏、材料处理、教育与娱乐、其他诸如餐饮住宿、理发美容等，服务标记就是这些服务行业使用的用以区别其他服务行业和系统的一种特别标志。

（4）厂商名称：以国名、地名和字号组成的工商企业名称，包括各种商贸机构的"商号"，旨在辨认和识别不同的企业。

（5）地理标志（货源标记）：包括产地标记和原产地名称两种。产地标记一般是指产品生产加工的企业所在国及其地理名称，用于标志产于该地的产品。原产地名称除反映产品的来源之外，更着重于强调产源的独特性，并且往往是这种产源的独特性决定了产品的特定性质，产源的独特性主要是该产源的地理环境所致，包括自然因素和人文因素或者它们的结合。

（6）反不正当竞争：是指经营者损害其他经营者的合法权益，扰乱社会经济秩序的行为。包括假冒他人注册商标、服务标记、厂商名称，冒用地理标志等侵犯他人工业产权权益的行为。

3. 其他知识产权即科技成果权

根据 TRIPs 第二部分"有关知识产权效力、范围及标准"中的规定，科技成果权是指集成电路布图设计、植物新品种权和未公开信息（包括技术秘密、商业信息和实验数据）。这说明其他知识产权，即科技成果权包括两大类：一类是新兴的高科技成果权，其中相当一部分成果很多国家的专利法和我国的专利法还没有规定为专利授权范围；另一类是具有一定经济价值的处于保密状态的技术秘密，包括部分商业信息和实验数据。

二、知识产权的特点

知识产权作为一种财产权，与一般意义上的财产权不同，主要特点是：

（一）知识产权的专有性

知识产权作为私权，具有专有性，有时也被称为独占性、排他性或垄断性。专有性是指知识产权为权利人所享有，非经法律特别规定或者权利人同意，任何人不得占有、使用和处分，否则视为侵权。在制度层面上作为私权的知识产权为私人提供了获取财产的新方式，它独立于传统意义上的物权，同时也从特许之权走向法定之权，成为一种新型私人财产权。

（二）知识产权的地域性

知识产权的地域性是指知识产权只在授予其权利的国家或确认其权利的国家产生，并且只能在该国范围内发生法律效力，受法律保护，而其他国家则对其没有必须给予法律保护的义务。知识产权权利人对其智力成果享有的权利在空间上的效力并不是无限的，而要受到地域的限制。知识产权的地域性特征，是它与有形财产产权的一个区别。

（三）知识产权的时间性

知识产权所有人对其智力成果享有的权利在时间上的效力并不是永久的，而要受到法定有效期的限制。知识产权制度本身作为一种以公开换保护的设计思路决定了知识产权仅在一个法定的期限内受到保护，超过此期限，任何人都可以以任何方式使用而不会涉及侵权问题。知识产权的时间性特征，是它与有形财产权的一个主要区别。知识产权在时间上的限制性，是世界各国知识产权立法以及有关知识产权国际公约普遍采用的原则。

第二节

知识产权的起源

一、专利权的起源

早在中世纪，欧洲就存在由君主赐给工商业者在某些商品上进行垄断经营的特权。1331 年，英国国王爱德华三世就赐予佛兰德的工艺师约翰·卡姆比（John Kempe）在缝纫与染织技术方面拥有"独专其利"的权利；1474 年，威尼斯颁布了世界上第一部最接近现代专利制度的法律；1602 年，英国法院首次以判例形式保护了一项 1598 年被授予的专利。17 世纪初期，英国女王伊丽莎白一世曾多次向发明者授予专利权，她的继位者詹姆斯一世在位时，议会中新兴的资产阶级代表开始尝试以立法来取代由君主赐予特权的传统，1624

年英国开始实施垄断法规（The Statute of Monoplies），这个目的最终得以实现。该法规也被认为是世界上第一部专利法，它宣布以往君主所授予的发明人的特权一律无效，并规定了发明专利权的主体、客体、可以取得专利的发明主题、取得专利的条件、专利有效期以及在什么情况下专利权将被判为无效等条例。

18 世纪初，资产阶级革命之后的英国，着手进一步改善它的专利制度。专利法中开始要求发明人必须充分地陈述其发明内容并予以公布，以此作为取得专利的"对价"（Consideration）。专利的取得成为一种订立合同的活动：发明人向公众公布他研制出的新产品或新技术，以换取公众在一定时期内承认他对研制成果的专有权。按照法律的这种要求，"专利说明书"出现了，它的出现标志着具有现代特点的专利制度的最终形成。继英国之后，美国、法国、荷兰、德国、日本等国家都先后颁布了自己的专利法。到目前为止，世界上建立起专利制度的国家和地区已经超过 170 个。

在我国，"专利"一词虽然可以追溯到 2000 多年前的《国语》，但法律含义上的专利保护在 100 多年前才被真正提上日程。1859 年，太平天国领导人之一的洪仁玕，在他著名的《资政新篇》中首次提出了建立专利制度的建议。他认为，对发明实行专利保护，是赶上西方发达国家的必备条件。1881 年，我国早期民族资产阶级的代表人物郑观应，就上海机器织布局采用的机器织布技术，向清朝皇帝申请专利，1882 年光绪皇帝批准了该局可享有十年专利，这是我国历史上较有影响的"钦赐"专利。1898 年，在著名的"戊戌变法"中，光绪皇帝签发了《振兴工艺给奖章程》，这是我国历史上第一部专利法，但它并未付诸实施。

二、商标权的起源

欧洲商标起源于古代西班牙游牧部落打在牲畜上的烙印，烙印上的英文"brand"在今天仍有商标的含义。在英国，面包房和银匠有义务在自己的制品上标出记号，这作为一种强制性规定出现在 13~14 世纪。近代商标制度首先发源于法国，1803 年法国制定了《关于工厂、制造厂和作坊的法律》，开创了商标保护的先河。1804 年法国颁布的《拿破仑民法典》，第一次肯定了商标权应与其他财产权同样受到保护，开创了近代商标制度。1809 年，法国《备案商标保护法令》，再次申明了商标权与其他有形财产权相同的地位，这是最早的保护商标权的成文法。1857 年，法国又颁布了一部更系统的商标保护法《商标权法》，首次确立了全面注册的商标保护制度。继法国之后，英国于 1862 年颁布了成文商标法（但仍不是注册商标法，英国的第一部注册商标法颁布于 1875 年），美国于 1870 年、德国于 1874 年先后颁布了注册商标法。

我国宋代济南刘家"功夫针"铺使用的"白兔"商标，是国内现存最早的将一定标识用在商品包装上、有目的地使消费者认明商品来源的商标，该商标不仅有文字记载，而且有实物流传至今。用于"功夫针"上的"白兔"标识，与提供商品的"刘家铺子"（商号）是分别存在的，故"白兔"标识可以认为是实实在在的商标。我国近代商标制度始于清朝末年 (1904 年) 诞生的中国历史上第一部商标法——《商标注册试办章程》。

三、著作权的起源

著作权在过去被称为版权，在印刷术特别是活字版印刷术发明以后，一件作品可以印制多册出售。作为作者成果载体的复制品——图书，则成为印刷商谋取利润的商品。为了垄断某些作品的印制与销售，印刷商将待印的作品送请官府审查，请求准许其独家经营。

公元 15 世纪中叶，德国人 J. 谷登堡发明了金属活字印刷术，显著提高了印刷效率，促进了印刷产业的发展。1469 年，威尼斯共和国授予书商乔万尼·达施皮拉为期五年印刷图书的特权。1556 年英国女王玛丽一世批准伦敦印刷商成立书商公司，并对该公司成员出版的图书授予垄断权。这些由政府授予印刷商垄断某些作品的权利，或下令禁止翻印他人已经出版的作品，标志着原始著作权概念的形成。原始著作权制度在中国延续了 700 多年，但在欧洲则持续了 200 多年。

17 世纪下半叶，在英国哲学家 J. 弥尔顿、J. 洛克等提出的"人生来自由平等"、"私有财产不可侵犯"等新思想的冲击下，以王室为中心的封建垄断制度开始动摇。经过资产阶级革命，王室授予印刷商的垄断权亦随之废除。1709 年 1 月 11 日英国下院提出了一项议案，要求在一定期限内将图书的印刷发行权授予作者或作品原稿的购买者。1710 年 4 月 10 日，这项提案生效，成为世界上第一部著作权法——《安妮女王法令》，标志着现代著作权概念的形成。值得一提的是，1790 年美国颁布的《联邦版权法》便是仿照《安妮女王法令》制定的 ①。18 世纪末, 法国资产阶级革命取得胜利，"天赋人权"的口号给著作权又注入了新的内容——作品是作者人格的延伸，作者对其作品享有维护其人格的精神权利，承认作者既享有经济权利又享有精神权利，丰富和发展了现代著作权概念。

- - - - -

第三节

知识产权的发展

在西方，知识产权伴随着工业革命的胜利得到了长足的发展，欧洲各国

---

① 裘安曼 . 安妮女王法令 [M]. 北京：中国大百科全书出版社，1993.

频繁的贸易往来促进了国家之间知识产权制度的建立，各国之间统一的知识产权保护又使得贸易变得更加频繁。国内知识产权的发展主要在新中国成立之后，由于社会制度的不同，我国知识产权加入了公有制因素。改革开放以后，随着我国加入一系列国际组织和条约，知识产权制度保护方面逐步与国际接轨，进而促进了我国的经济发展。

一、国际部分

早在 19 世纪末，国际社会就开始注意知识产权国际保护的工作，主要通过两种途径来达到这个目的：一是国际条约的保护；二是国内法的保护。其中，国际条约的保护占有非常重要的地位。

（一）1883 年在法国巴黎签署《保护工业产权巴黎公约》[1]

《保护工业产权巴黎公约》（Paris Convention on the Protection of Industrial Property）简称《巴黎公约》，于 1883 年 3 月 20 日在巴黎签订，是当今国际社会保护工业产权方面最基本、最重要的一个全球性多边国际条约。《巴黎公约》的调整对象即保护范围是工业产权，包括发明专利权、实用新型、工业品外观设计、商标权、服务标记、厂商名称、产地标记或原产地名称以及制止不正当竞争等。《巴黎公约》的基本目的是保证成员国的工业产权在所有其他成员国都得到保护。该公约最初的成员国为 11 个，截止到 2016 年，该公约缔约方总数已经达到 176 个国家。中国在 1985 年 3 月 19 日正式成为该公约成员国。

《巴黎公约》自 1883 年签订以来，已经过多次修订，现行版本是 1980 年 2 月在日内瓦修订的文本。由于各成员国间的利益矛盾和立法差别，《巴黎公约》没能制定统一的工业产权法，而是以各成员国内立法为基础进行保

---

[1]　本条约以及下文其他条约相关内容来自维基百科，http://zh.wikipedia.org/.

护，因此它没有排除专利权效力的地域性。公约在尊重各成员的国内立法的同时，规定了各成员国必须共同遵守的几个基本原则，以协调各成员国的立法，使之与公约的规定相一致。主要原则有国民待遇原则、优先权原则、独立性原则、强制许可专利原则等。同时对商标的使用、驰名商标的保护、商标权的转让、展览产品的临时保护做出了相关规定。

（二）1886年在瑞士伯尔尼签署的《保护文学和艺术作品伯尔尼公约》

19世纪，西欧各国尤其是法国涌现出大批大文学家、大艺术家。许多由他们创作的脍炙人口的作品流传到世界各地，影响深远，促进了各国文化的交流。但随之而来的则作品版权保护的问题。1878年，由雨果主持在巴黎召开了一次重要的文学大会，建立了一个国际文学艺术协会，该协会于1883年将一份经过多次讨论的国际公约草案交给瑞士政府。1886年9月9日，瑞士政府在伯尔尼举行的第三次大会上通过了该草案，并定名为《保护文学和艺术作品伯尔尼公约》（Berne Convention for the Protection of Literary and Artistic Works，简称《伯尔尼公约》）。《伯尔尼公约》是著作权领域第一个世界性多边国际条约，也是影响至今最主要的著作权公约。起初原始签字国有英国、法国、德国、意大利、瑞士、比利时、西班牙、利比里亚、海地和突尼斯10国，这些国家组成一个联盟，称伯尔尼联盟。截至2016年该公约缔约方总数达到172个国家，中国于1992年10月15日成为该公约成员国。

现行《伯尔尼公约》的核心，规定了每个缔约国都应自动保护在伯尔尼联盟所属的其他各国中首先出版的作品，保护其作者是上述其他各国的公民或居民的未出版的作品的权益。该公约的基本原则是国民待遇原则、自动保护原则、独立保护原则和最低保护限度原则。

（三）1891年在西班牙马德里签署的《商标国际注册马德里协定》

今天通常所说的商标国际注册，是指马德里商标国际注册。马德里商标国际注册，是指根据 1891 年 4 月 14 日于西班牙首都马德里签订的《商标国际注册马德里协定》(Madrid Agreement Concerning the International Registration of Marks，简称《马德里协定》) 或根据 1989 年 6 月 27 日在马德里通过的《商标国际注册马德里协定有关议定书》及其共同实施细则建立的马德里联盟成员国间的商标注册体系。为了在商标注册方面实现国际合作，1891 年 4 月 14 日，由当时已实行了商标注册制度的法国、比利时、西班牙、瑞士和突尼斯等国发起，在马德里缔结协定，确立了规定、规范国际商标注册的相关国际条约。《马德里协定》是《巴黎公约》框架内一个程序性协定，只对《巴黎公约》成员国开放。中国于 1989 年 10 月 4 日成为该协定成员国。

（四）1970 年在美国华盛顿签订的《专利合作条约》

《专利合作条约》(Patent Cooperation Treaty)，简称 PCT，是继《保护工业产权巴黎公约》之后专利领域的最重要的国际条约，是国际专利制度发展史上的又一个里程碑。该条约于 1970 年 6 月 19 日由 35 个国家在华盛顿签订，1978 年 6 月 1 日开始实施。截至 2013 年 7 月，共有 148 个成员国，由总部设在日内瓦的世界知识产权组织管辖。通过该条约，申请人只要提交一件"国际"专利申请，即可在为数众多的国家中的每一个国家同时要求对发明进行专利保护。此种申请可由缔约国国民或居民的任何人提交。一般申请人可以向其作为国民或居民的缔约国的国家专利局提出申请，也可以选择向位于日内瓦的 WIPO 国际局提出申请。如果申请人是加入《欧洲专利公约》、《专利和工业品外观设计哈拉雷议定书》(《哈拉雷议定书》)、经修订的《与非洲知识产权组织的创造有关的班吉协定》或《欧亚专利公约》的缔约国的国民或居民，亦可分别向欧洲专利局 (EPO)、非洲地区工业产权组织 (ARIPO)、非洲知识产权组织 (OAPI) 或欧亚专利局 (EAPO) 提交国际申请。

对于通过 PCT 程序提交的国际申请将进行国际检索，这一检索由 PCT 大会指定作为国际检索单位 (ISA) 的主要专利局之一进行。通过这一检索，将得出国际检索报告，同时，国际检索单位还要编拟一份关于专利性的书面意见。国际检索单位将把国际检索报告和书面意见通知申请人，申请人可决定撤回申请，尤其在根据该报告或该意见很可能无法授予专利的情况下，更是如此。如果国际申请未被撤回，则将与国际检索报告一起，由国际局进行国际公布，最后依申请人申请进入相应的国家阶段。

PCT 规定的程序对申请人、专利局和普通公众都有益处：

（1）申请人拥有 18 个月时间考虑是否希望在外国寻求专利保护。只要申请人的国际申请是按 PCT 规定的形式提交的，任何被指定的主管局在处理申请的国家阶段时均不得以形式方面的理由驳回该申请；申请人还可以根据国际检索报告或书面意见，比较有把握地评估他的发明被授予专利权的机会有多大；申请人还可以在国际初步审查期间对国际申请做出修正，以使该申请在被指定的主管局处理之前符合要求。

（2）有了国际检索报告、书面意见以及在可适用的情况下，附于国际申请之后的国际初步审查报告，可以使各专利局的检索和审查工作强度大大降低。

（3）由于每件国际申请都是与国际检索报告一起公布的，因此第三方也可以更好地对提出的专利申请发表相关意见。

PCT 设立了一个联盟，该联盟设有大会，PCT 的每一个缔约国都是大会成员。大会最重要的一些任务是，修正根据条约制定的实施细则，通过联盟的两年期计划和预算以及确定与使用 PCT 体系相关的若干费用。

（五）1994 年《与贸易有关的知识产权协定》[①]

《与贸易有关的知识产权协定》（Agreement on Trade-Related Aspects of Intellectual Property Rights，TRIPs）是在世界贸易组织范围内缔结的知识产

---

① 相关内容来自维基百科，http://zh.wikipedia.org/.

权公约。该协定订立于 1994 年，1995 年生效。我国 2001 年加入世界贸易组织。与以前的知识产权国际公约相比，TRIPs 是一个更高标准的公约。公约要求成员对知识产权提供更高水平的立法保护，要求成员采取更为严格的知识产权执法措施，并将成员之间的知识产权争端纳入 WTO 争端解决机制[①]。该协定不仅是保护知识产权最新的一个公约，而且是将知识产权保护纳入 WTO 体制的法律根据。

TRIPs 是关贸总协定乌拉圭回合谈判中达成的涉及世界贸易的 28 项单独协议中有关知识产权保护的重要协议之一。在乌拉圭回合谈判之前，已经有一些保护知识产权的国际公约，但这些国际公约都或多或少地存在一些不足，不能有效实现保护知识产权的目的。以美国为代表的发达国家极力主张在国际上建立一套高标准、严要求的知识产权保护体系，并提出各国应通过乌拉圭回合谈判在确立更有效而且统一的原则方面达成一致。经过几年发达国家和发展中国家的代表在协商中的激烈辩论和艰难谈判，1992 年 12 月达成了《与贸易（包括假冒商品贸易在内）有关的知识产权协定》草案，并于 1994 年 4 月在摩洛哥召开的乌拉圭回合谈判成员国部长级会议上草签，成为乌拉圭回合谈判最后文件的一部分。该协定 1995 年初生效。

TRIPs 具有以下主要特点：①内容涉及面广，几乎涉及了知识产权的各个领域；②保护水平高，在多方面超过了现有的国际公约对知识产权的保护水平；③将关贸总协定 (GATT) 和世界贸易组织 (WTO) 中关于有形商品贸易的原则和规定延伸到对知识产权的保护领域；④强化了知识产权执法程序和保护措施；⑤强化了协议的执行措施和争端解决机制，把履行协议保护产权与贸易制裁紧密结合在一起；⑥设置了"与贸易有关的知识产权理事会"作为常设机构，监督本协定的实施。

---

① 沈国兵. 与贸易有关知识产权协定下强化中国知识产权保护的经济分析 [M]. 北京：中国财政经济出版社, 2011.

（六）专利审查高速公路（PPH）①

专利审查高速路（Patent Prosecution Highway，PPH），是指申请人提交首次申请的专利局（OFF）认为该申请的至少一项或多项权利要求可授权，只要相关后续申请满足一定条件，包括首次申请和后续申请的权利要求充分对应、OFF 工作结果可被后续申请的专利局（OSF）获得等，申请人即可以 OFF 的工作结果为基础，请求 OSF 加快审查后续申请。

PPH 支持产品在全球范围内快速获取低成本且有力的专利保护。如果要想在两个以上不同国家就同一发明申请一项专利，那么在已经实施或者试行 PPH 程序的两个或两个以上国家的知识产权局之间，可以使用该 PPH 程序来加速专利申请审查程序。如果向第一个国家提交的该专利申请的权利要求通过了该国审查，那么可以借助 PPH 向另一国知识产权局提出加速审查请求。在提出 PPH 请求时，需要提供与第一个知识产权局受理的申请相关的信息并说明后一次申请中的权利要求是如何与该第一次中的权利要求对应的。在提出加速审查请求的过程中，申请者可以随时根据需要对权利要求进行修改。根据该 PPH，后一个受理申请的知识产权局将充分利用初次受理申请的知识产权局所进行的审查工作以及申请者所提供的额外信息。这将有助于快速提供高质量的专利审查。

PPH 作为一国知识产权局与其他国家知识产权局之间签署的一个协定，其所提供的方式极大地减少了在国外获取专利保护的审查时间和费用。根据该 PPH，某些国家的知识产权局对所提交的 PPH 申请进行的初次审查期限将从 27 个月降至 3 个月以下。某些国家的知识产权局的 PPH 申请授予率已经达到了 95%，其中 20% 以上的 PPH 申请仅需再通过一项程序即可获得专利。最早是由欧洲专利局（EPO）和美国专利商标局（USPTO）于 2008 年 9 月 31 日启动专利审查高速公路试行项目，原定期限为一年。之后欧洲专利局、

---

① 更多详情参见中国国家知识产权局专利审查高速路（PPH）专栏，http://www.sipo.gov.cn/ztzl/ywzt/pph/.

日本特许厅、韩国特许厅、中国国家知识产权局和美国专利商标局于 2014
年 1 月 6 日启动五局（IP5）PPH 试点，为期三年，至 2017 年 1 月 5 日中止。
2017 年 1 月 6 日，五局共同决定，五局（IP5）PPH 试点将延长三年。

（七）其他国际公约

1.《保护表演者、音像制品制作者和广播组织的国际公约》

《保护表演者、音像制品制作者和广播组织的国际公约》（Rome
International Convention for the Protection of Performers, Producers of Phonograms and
Broadcasting Organizations）简称《罗马公约》，是有关版权邻接权的国际公约。

《罗马公约》由国际劳工组织与世界知识产权组织及联合国教科文组织
共同发起，于 1961 年 10 月 26 日在意大利罗马缔结，于 1964 年 5 月 18 日生效。

2.《国际植物新品种保护公约》

该公约于 1961 年 12 月 2 日制定，1972 年 11 月 10 日、1978 年 10 月 23
日在日内瓦修订，于 1981 年 11 月 8 日生效。第九届全国人民代表大会常务
委员会第四次会议于 1998 年 8 月 29 日决定加入《国际植物新品种保护公约》
（1978 年文本）。

3.《世界版权公约》（Universal Copyright Convention）

该公约根据联合国教科文组织倡导，于 1952 年 9 月 6 日在瑞士日内瓦
召开的各国政府代表会议上通过，1955 年生效。1971 年 7 月在巴黎曾做补
充修订。中国于 1992 年 7 月 30 日递交了加入《世界版权公约》的官方文件，
同年 10 月 30 日对该公约对中国生效。

二、国内部分

（一）专利保护的发展

新中国成立后，党和政府对于科学技术工作给予了高度重视，1951 年 8

月即颁布了《保障发明权与专利权暂行条例》，并于同年 10 月颁布了该条例的实施细则[①]。这个条例最大的特点是采取了发明权与专利权的双轨制。发明人可以自由选择申请发明权或者专利权，并分别获得发明权证书或专利权证书。在获得发明权的情况下，发明人可以获得奖金、奖章、奖状或勋章；可以将发明权作为遗产，继承人可以取得奖金；经"中央技术管理局"批准之后，可以在发明物上注明本人姓名或其他特殊名称。在获得专利权的情况下，发明人在专利权保护期限内可以独占实施有关的发明。发明涉及国防安全、需要迅速推广、属于职务发明等情况时，则只能申请发明权而不能申请专利权。这部专利法条例实行发明荣誉与专利权的双轨制是比较科学的。

《保障发明权与专利权暂行条例》于 1951 年 8 月颁布之日起即实施。但遗憾的是，在之后长达 13 年的时间里，国家只批准了六项发明权，四项专利权，数量并不多。中国大陆授予的第一项发明权为侯氏制碱法，由我国发明人侯德榜于 1951 年 5 月提出申请，1953 年 4 月得到国家批准，有效期五年。大陆授予的第一项专利权为软硬性透明胶膜网线版，由发明人胡振燮于 1950 年 10 月申请，1953 年 4 月国家批准，有效期五年。1963 年，国务院废止了《保障发明权与专利权暂行条例》，颁布了《发明奖励条例》，对那些具备新颖性、实用性且技术水平处于国内或国际领先的发明创造，发予发明证书，过去实施的双轨制变成了单一的发明权制度，不再有专利制度。

改革开放后，专利制度再次被重视，1984 年 3 月 12 日通过《中华人民共和国专利法》，于 1985 年 4 月开始实施。在《专利法》实施之前，1985 年 1 月 19 日国务院批准了《中华人民共和国专利法实施细则》。1984 年的专利法律是在特殊的环境下制定的专利法律，虽然参考了世界各国的专利制度和有关的国际条约，但也受中国当时的条件限制。该法规定了对发明、实用新型和外观设计的保护，规定了授予专利权的实质性要件、专利的申请和审查

---

① 宋锡祥. 新中国知识产权法制建设的回顾与展望 [J]. 外国经济与管理，1999（10）：20-25.

程序、专利权的无效宣告程序和侵权的法律救济。《专利法》考虑到我国即将加入《保护工业产权巴黎公约》的前景，体现了国民待遇、优先权、专利独立三大原则。

1992年4月，中美签署了《中美关于保护知识产权谅解备忘录》，双方谅解的内容之一是中国允诺扩大专利保护范围提高专利保护水平的措施。由于1984年版《专利法》的时代局限性，再结合中美两国于1992年初达成《中美关于保护知识产权谅解备忘录》和关贸总协定乌拉圭回合谈判提出《与贸易有关的知识产权协定》草案的国际背景，1992年9月4日进行了《专利法》的第一次修订，1993年1月开始实施，内容主要是扩大了专利权保护的客体，延长了专利权保护期限、增加了进口权以及增设了本国优先权等。

2000年8月25日在中国即将加入世界贸易组织的背景下中国再次修订了《专利法》，于2001年7月开始实施。这次修订的主要目的是让中国专利法符合TRIPs的基本原则和最低要求，为中国加入世界贸易组织扫清障碍。主要内容包括四个方面：①修改与国有企业改革、行政管理体制改革精神不相适应的有关规定。②进一步完善专利保护制度。③简化、完善有关程序。④处理专利国际申请的内容与《专利合作条约》相衔接。

2008年我国出于对自主创新与经济转型发展的迫切需要，对原有的《专利法》进行第三次修订。修改的主要目的为：①进一步加强对专利权的保护，激励自主创新，促进专利技术的实施，推动专利技术向现实生产力转化，提高中国自主创新能力，完成建设创新型国家的目标。②保持与世界接轨。世界贸易组织多哈部长级会议通过了《关于〈与贸易有关的知识产权协定〉与公共健康的宣言》，世界贸易组织总理事会通过了落实《关于〈与贸易有关的知识产权协定〉与公共健康的宣言》的《修改〈与贸易有关的知识产权协定〉议定书》，允许世贸组织成员国突破《与贸易有关的知识产权协定》的限制，在规定条件下给予实施药品专利的强制许可。③《生物多样性公约》对利用专利制度保护遗传资源做了规定。我国作为遗传资源大国，需要通过修改现行《专利法》，行使该公约赋予的权利。这次修改是中国专利法律立法上一次重大的进步。当然，就这部法律而言，仍然需要完善。并且随着 21 世纪科研创造的兴起，专利制度的相关思想不断发展，《专利法》未来还会被不断修改完善。

（二）商标保护的发展

中国政府于 1950 年 7 月 28 日颁布了《商标注册暂行条例》。根据这个条例，全国建立了中央注册制度，对商标专用权进行法律保护，保护期为 20 年，并可续展。由于未参加《巴黎公约》，该条例规定只有与中国建立外交关系并签订商业条约国家的公民才可在中国申请商标保护。

1954 年 3 月，当时的中央工商行政管理局颁布了《未注册商标暂行管理办法》。它要求凡未注册的商标，都应在当地登记备案，但核准登记备案后，并不享有专用权。这实际上是分级注册的一种形式，也是向全面注册制的过渡。1957 年，我国实行工商业社会主义改造后，经济形势发生了重大变化，为适应当时的形势，国务院转发了中央工商行政管理局《关于实行商标全面注册的意见》。到 1958 年，全国已有 20 个省、直辖市实现了商标全面注册。

1963 年，经全国人大常委会批准，国务院颁布了《商标管理条例》，中央工商行政管理局同时公布了该条例的实施细则和沿用至 1989 年的《商品分类法》。1963 年的条例可归纳为三项主要内容：①一切企业所使用的商标都必须先注册，才能合法使用（即"全面注册"或"强制注册"制度）；②对申请注册的商标进行实质审查，以确认是否便于识别，是否与已注册商标相同或近似，是否属于不可注册的文字、图形；③认为商标是代表商品一定质量的标志。

改革开放后，为了消除商标管理混乱现象，使商标管理工作得到恢复和发展，国务院决定于 1978 年恢复国家工商行政管理总局，恢复和整顿商标注册工作，按照 1963 年颁布的《商标管理条例》规定，建立了省和中央两级核转的商标审批制度。在总结我国商标管理工作的基础上，经过广泛征求各方的意见，1982 年 8 月 23 日第五届全国人大常委会通过了《中华人民共和国商标法》。1989 年中国加入《商标国际注册马德里协定》。随着中国企业跨境贸易增多，国际间经贸交流日益频繁，商标的注册申请和权利保护国际化发展趋势强劲。

21 世纪初，中国加入 WTO 后，按照世界贸易组织《与贸易有关的知识产权协定》，即 TRIPs 的要求，全面履行自己在知识产权领域，包括商标权保护领域中承担的义务，而 TRIPs 对成员国提出的各种具体要求，需要在我国商标法中得到应有的、全面的反映。2001 年 10 月 27 日，在中国"入世"前一个多月，第九届全国人大常委会通过《商标法》修正案，于 2001 年 12 月 1 日实施。此次《商标法》的修改，使我国的《商标法》更加适合我国经济建设发展的要求；同时也实现了与 TRIPs 和《巴黎公约》的进一步接轨，缩小了商标立法与我国所应负的国际义务的差距。

2013 年 8 月，第十二届全国人民代表大会常务委员会通过了《关于修改〈中华人民共和国商标法〉的决定》，在围绕"大众创业，万众创新"的时代背景下，注重完善商标注册、审查、续展制度，简化商标异议程序，制止恶意注册商标，保护商标在先使用者权利等。

（三）著作权保护的发展

1949 年 11 月 1 日，新中国成立出版总署。1950 年 9 月第一届全国出版工作会议通过《关于改进和发展出版工作的决议》。1950 年 11 月制止了新华书店大连分店未经世界知识出版社同意翻印《朝鲜战争后的国际形势》图书的印刷，并赔偿了损失。之后先后出台《关于纠正任意翻印图书现象的规定》、《保障出版物著作权暂行规定（草案）》以及系列关于稿酬的规定，且排除了未来外国人在中国的稿酬索取。但并没有系统制定著作权的制度、法规。

1977 年，中美两国正式建立外交关系并进行经济、技术领域合作。随后，两国立即签署了两份文件，即《中美高能物理协定》和《中美贸易关系协定》。受其影响，我国在 1979 年又开展了关于起草著作权法并逐步加入国际著作权公约的两项工作。1986 出台的《民法通则》，其中第九十四条规定：公民、法人享有著作权（版权），依法有署名、发表、出版、获得报酬等权利。随后 1990 年出台了《中华人民共和国著作权法》。

在 1992 年中美贸易大战的前夕，基于中国希望恢复关贸总协定缔约国地位，双方达成知识产权的和解备忘录，于同年 9 月中国发布了《实施国际著作权条约的规定》，并同意 1992 年加入《伯尔尼公约》。

2009 年，中美知识产权争端因 WTO 专家组裁决中国《著作权法》第四条违反《伯尔尼公约》和 TRIPs 规定，中国于 2010 年将《著作权法》第四条中涉及非法出版物等的内容删除、修改。

2011 年 7 月 13 日，《著作权法》第三次修订启动会议在京举行，标志着中国《著作权法》第三次修法正式启动。此次启动意义重大，多数学者寄希望于此次修订，完善中国著作权体系。2012 年 3 月 31 日，国家版权局在官方网站公布了《著作权法》修改草案，并征求公众意见。侵犯著作权的赔偿标准从原来的 50 万元上限提高到 100 万元，并明确了著作权集体管理组织的功能[①]。

第四节

知识产权相关组织与机构

在知识产权制度的国际化进程中，随着各类国际合作条约的签订，诞生

----

① 全国人民代表大会常务委员会关于修改《中华人民共和国著作权法》的决定（主席令第二十六号）[EB]. 中国政府网，2014-03-17[引用日期2017-02-11].

了具有管理国际知识产权事务性质的组织与机构。通过这些组织与各国自身知识产权管理经验的交流，促进了各国国家内部知识产权事业的蓬勃发展。

一、国际组织

世界知识产权组织、世界贸易组织、联合国教科文组织是现今三个最主要的管理知识产权条约的国际组织。

（一）世界知识产权组织

世界知识产权组织（WIPO）是关于知识产权服务、政策、合作与信息的全球论坛，于1967年根据《WIPO公约》建立，总部设在瑞士日内瓦，是联合国组织系统中的16个专门机构之一。该组织主要职能是负责通过国家间的合作促进对全世界知识产权的保护，管理建立在多边条约基础上的关于专利、商标和版权方面的23个联盟的行政工作，并办理知识产权法律与行政事宜。该组织的很大一部分财力是用于同发展中国家进行开发合作，促进发达国家向发展中国家转让技术，推动发展中国家的发明创造和文艺创作活动，以利于其科技、文化和经济的发展。该组织决定从2001年起将每年的4月26日定为"世界知识产权日"（World Intellectual Property Day），目的是在世界范围内树立尊重知识、崇尚科学和保护知识产权的意识，营造鼓励知识创新和保护知识产权的法律环境。

（二）世界贸易组织

世界贸易组织（World Trade Organization，WTO）是一个独立于联合国的永久性国际组织。其前身为关税及贸易总协定（GATT）。1994年4月在摩洛哥马拉喀什举行的关贸总协定部长级会议上正式决定成立世界贸易组织，1995年1月1日世界贸易组织正式开始运作，负责管理世界经济和贸易秩序，总部设在日内瓦莱蒙湖畔的关贸总部大楼内。该组织的基本原则和宗旨是通过实施非歧视、关税减让以及透明公平的贸易政策，来达到推动世界贸易自由化的目标。世界贸易组织由部长级会议、总理事会、部长会议下设的专门委员会和秘书处等机构组成。它管辖的范围除传统的和乌拉圭回合谈判所确定的货物贸易外，还包括长期游离于关贸总协定外的知识产权、投资措施和非货物贸易（服务贸易）等领域。世界贸易组织具有法人地位，它在调解成员争端方面具有更高的权威性和有效性，在促进贸易自由化和经济全球化方面起着巨大作用。

（三）联合国教科文组织

联合国教育、科学及文化组织（United Nations Educational, Scientific and Cultural Organization）是联合国（UN）旗下专门机构之一，简称联合国教科文组织（UNESCO）。该组织于 1946 年 11 月 4 日正式成立，现有成员国 195 个，主要是各国政府间讨论关于教育、科学和文化问题的机构。该组织的宗旨是通过教育、科学及文化来促进各国间的合作，对和平与安全做出贡献，以增进对正义、法治及联合国宪章所确认之世界人民不分种族、性别、语言或宗教均享人权与基本自由之普遍尊重。《世界版权公约》由联合国教科文组织（UNESCO）于 1947 年发起，1952 年 9 月在日内瓦签署，1955 年 9 月 16 日生效。

二、主要国家和地区相关组织与机构

国际上除了上述三个主要的知识产权相关机构之外，在一些发达国家和地区，如美国、欧洲、日本以及韩国，也有很多发展较为成熟的知识产权机构，其中最具代表性的就是美国专利商标局、欧洲专利局、日本特许厅、韩国特许厅。它们在很大程度上促进了世界知识产权的发展。

（一）美国专利商标局

美国专利商标局（United States Patent and Trademark Office，PTO 或 USPTO）是美国商务部下的一个机构，成立于 1802 年，是掌握全国专利及商标申请以及核准手续的重要机关，隶属于美国商务部。USPTO 的主要职能包括：①专利授权与商标注册；②为发明人提供与其专利或发明、产品及服务标识相关的服务；③通过实施专利与商标等知识产权相关法律，管理专利、商标以及与贸易有关的知识产权事务，并向总统和商务部长提出相关政策建议，为增强国家经济实力出谋划策；④为商务部和其他机构提供涉及知识产权事务的建议和帮助；⑤通过保存、分类和传播专利信息，帮助、支持创新和国家科技发展。

（二）欧洲专利局

欧洲专利局（European Patent Office，简称欧专局）依据《欧洲专利公约》于 1973 年成立，总部位于慕尼黑。欧专局采用统一的程序审查专利申请，申请语言可以是三种官方语言（英语、法语和德语）中的任意一种，为欧洲和世界范围内的发明人、公司和研究人员在人口超过 6 亿的欧洲市场提供发明保护。

欧洲专利组织的成员国已由 1973 年的 7 个创始国增至 38 个，包括欧盟的全部 28 个成员国以及冰岛、挪威、瑞士、土耳其和大多数巴尔干半岛国家，其每年受理并处理约 274000 件专利申请。在产品及服务方面，欧专局除了提供免费的技术信息，还提供与发明和技术相关的逾 9000 万份专利文献以及免费的机器翻译工具——"专利翻译"，它包括了中文在内的 32 种语言之间的互译。此外，欧盟授权欧洲专利局管理单一专利制度（一件专利可以覆盖 25 个欧盟成员国的范围）也在 2016 年起得到实施。也正是因为其高质量的产品及服务（2014 年仅 64600 件申请获得授权），欧专局吸引了全世界范围内的专利系统用户。

三、中国国内相关组织与机构

我国的知识产权组织与机构的起步与发展明显晚于国外，但自从改革开放之后，为了顺应世界知识产权的发展趋势，我国政府高度重视知识产权的建设工作，不断对我国知识产权管理体制进行改革、创新。我国的知识产权也因此从小到大，从零散到系统，从存在缺陷到完善，形成了具有中国特色的知识产权管理体系。如图 1-1 所示，到目前为止，我国最常见的知识产权机构包括国家知识产权局、国家工商行政管理总局商标局、国家版权局。

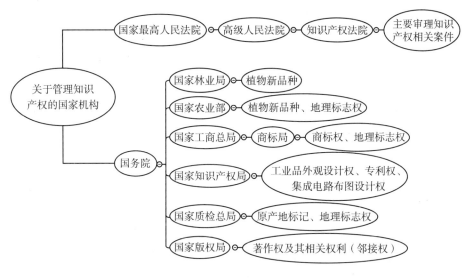

图 1-1　我国关于知识产权的国家机构体系

（一）国家知识产权局

国家知识产权局（State Intellectual Property Office），原名中华人民共和国专利局（简称中国专利局），1980 年经国务院批准成立。1998 年国务院机构改革，中国专利局更名为国家知识产权局，成为国务院的直属机构，主管专利工作和统筹协调涉外知识产权事宜。国家知识产权局专利局为国家知识产权局下属事业单位。国家知识产权局将专利申请的受理、审查、复审、授权以及对无效宣告请求的审查业务委托国家知识产权局专利局承担。

国家知识产权局的主要职责为：

（1）负责组织协调全国保护知识产权工作，推动知识产权保护工作体系建设；会同有关部门建立知识产权执法协作机制，开展相关的行政执法工作；开展知识产权保护的宣传工作；会同有关部门组织实施国家知识产权战略纲要。

（2）承担规范专利管理基本秩序的责任。拟订专利知识产权法律法规草案，拟订和实施专利管理工作的政策和制度，拟订规范专利技术交易的政策措施，指导地方处理、调解侵犯专利权的纠纷案件以及查处假冒他人专利的行为，会同有关部门指导和规范知识产权无形资产评估工作。

（3）拟订知识产权涉外工作的政策。研究国外知识产权发展动态；统筹协调涉外知识产权事宜，按分工开展对外知识产权谈判；开展专利工作的国际联络、合作与交流活动。

（4）拟订全国专利工作发展规划，制订专利工作计划，审批专利工作规划，负责全国专利信息公共服务体系的建设；会同有关部门推动专利信息的传播利用，承担专利统计工作。

（5）制订专利和集成电路布图设计专有权确权判断标准，指定管理确权的机构。制订专利权和集成电路布图设计专有权侵权判断标准；制定专利代理中介服务体系发展与监管的政策措施。

（6）组织开展专利的法律法规、政策的宣传普及工作，按规定组织制定有关知识产权的教育与培训工作规划。

（二）国家工商行政管理总局商标局

国家商标局隶属于国家工商行政管理总局，主管全国的商标注册与管理工作，负责商品商标、服务商标、集体商标、证明商标等商标的注册工作，办理商标异议裁定以及注册商标的变更、转让、续展、补证、注销等有关事宜，指导、协调、组织各地工商行政管理机关查处商标侵权假冒案件，依法认定和保护驰名商标，监督管理商标代理机构，研究拟定商标注册和管理的规章制度及具体措施、办法，组织商标国际条约、协定在中国的具体实施及承办商标国际交流与合作有关工作。

新中国成立后，我国的商标注册工作先后由中央私营企业局和中央工商行政管理局主管。1978年国家恢复工商行政管理机关后，内设商标局。根据1982年颁布并于1993年、2001年两次修正实施的《中华人民共和国商标法》，国务院工商行政管理部门商标局主管全国商标注册和管理工作，各地工商行政管理部门对商标使用行为进行监督管理，依职权或应权利人请求查处侵犯注册商标专用权行为，保护商标权人和消费者的合法权益。

2008年7月11日《国务院办公厅关于印发国家工商行政管理总局主要职责内设机构和人员编制规定的通知》（国办发〔2008〕88号）以及2008年9月8日国家工商行政管理总局《关于印发各司（厅、局、室）主要职责内设机构和人员编制规定的通知》（工商人字〔2008〕195号）规定，商标局隶属于国家工商行政管理总局，承担商标注册与管理等行政职能，具体负责全国商标注册和管理工作，依法保护商标专用权和查处商标侵权行为，处理商标争议事宜，加强驰名商标的认定和保护工作，负责特殊标志、官方标志的登记、备案和保护，研究分析并依法发布商标注册信息，为政府决策和社会公众提供信息服务，实施商标战略等工作。

（三）国家版权局

1985年6月28日，文化部呈报国务院，建议在文化部设立国家版权局。同年7月25日，国务院批复，同意文化部的建议；同时决定，将文化部原出版局改称国家出版局。国家出版局与国家版权局为一个机构、两块牌子。国家版权局局长由国家出版局局长兼任。1987年1月，国务院决定撤销文化部所属国家出版局，设立直属国务院的新闻出版署，保留国家版权局，继续保持一个机构、两块牌子的形式。

2001 年新闻出版署（国家版权局）升格为正部级单位，改称新闻出版总署（国家版权局），仍为一个机构、两块牌子。2013 年 3 月，十二届全国人大一次会议批准《国务院机构改革和职能转变方案》和《国务院关于机构设置的通知》（国发［2013］14 号），将新闻出版总署、广电总局的职责整合，组建国家新闻出版广电总局，加挂国家版权局牌子。

国家版权局是国务院著作权行政管理部门，主管全国的著作权管理工作，其主要职责是：拟订国家版权战略纲要和著作权保护管理使用的政策措施并组织实施，承担国家享有著作权作品的管理和使用工作，对作品的著作权登记和法定许可使用进行管理；承担著作权涉外条约有关事宜，处理涉外及港澳台的著作权关系；组织查处著作权领域重大及涉外违法违规行为；组织推进软件正版化工作。

（四）知识产权法院

最高人民法院院长王胜俊在十一届全国人大常委会第三十次会议上做关于加强知识产权审判工作促进创新型国家建设情况的报告时介绍，随着我国经济社会发展，知识产权审判的重要作用日益凸显，案件数量迅猛增长，新型疑难案件增多，矛盾化解难度加大。针对知识产权审判工作面临的实际困难，报告建议，以中共十八大精神为指引，进一步深入实施国家知识产权战略，优化知识产权保护体系；妥善协调司法保护和行政执法的关系，发挥司法保护知识产权主导作用；根据国家知识产权战略要求，积极探索研究建立知识产权专门法院。

2014 年 8 月 31 日，为了贯彻落实《中共中央关于全面深化改革若干重大问题的决定》中所提出加强知识产权运用和保护，健全技术创新激励机制的精神，十二届全国人大常委会第十次会议表决通过了全国人大常委会关于在北京、上海、广州设立知识产权法院的决定。中国的知识产权法院便由此诞生了。

第二章

我国知识产权相关政策和法律知识

第一节

我国知识产权相关政策

一、国家知识产权战略纲要

（一）出台时间

改革开放以来，我国经济社会持续快速发展，科学技术和文化发展取得长足进步，创新能力不断提升，知识在经济社会发展中的作用越来越突出。在国内层面，如何创造属于我们自己的知识产权成为焦点；在国际层面，美国和日本成功实施推进了各自的知识产权战略[①]。为提升我国知识产权创造、运用、保护和管理能力，建设创新型国家，2008 年 6 月 5 日国务院印发了《国家知识产权战略纲要》[②]。

（二）指导思想和战略目标

1. 指导思想

实施国家知识产权战略，要坚持以邓小平理论和"三个代表"重要思想

[①] 易继明. 编制和实施国家知识产权战略的时代背景——纪念《国家知识产权战略纲要》颁布实施 5 周年 [J]. 科技与法律, 2013（4）：67-76.

[②] 《国家知识产权战略纲要》详情请见中华人民共和国中央人民政府官网。

为指导，深入贯彻落实科学发展观，按照激励创造、有效运用、依法保护、科学管理的方针，着力完善知识产权制度，积极营造良好的知识产权法治环境、市场环境、文化环境，大幅度提升我国知识产权创造、运用、保护和管理能力，为建设创新型国家和全面建设小康社会提供强有力支撑。

2. 战略目标

到 2020 年，把我国建设成为知识产权创造、运用、保护和管理水平较高的国家。近五年的小目标是：自主知识产权水平大幅度提高，拥有量进一步增加；运用知识产权的效果明显增强，知识产权密集型商品比重显著提高；知识产权保护状况明显改善；全社会特别是市场主体的知识产权意识普遍提高，知识产权文化氛围初步形成。

3. 战略重点

（1）完善知识产权制度。进一步完善知识产权法律法规，及时修订《专利法》、《商标法》、《著作权法》等知识产权专门法律及有关法规。适时做好遗传资源、传统知识、民间文艺和地理标志等方面的立法工作；健全知识产权执法和管理体制。加强司法保护体系和行政执法体系建设，发挥司法保护知识产权的主导作用，提高执法效率和水平，强化公共服务。

（2）促进知识产权创造和运用。运用财政、金融、投资、政府采购政策和产业、能源、环境保护政策，引导和支持市场主体创造和运用知识产权。推动企业成为知识产权创造和运用的主体。促进自主创新成果的知识产权化、商品化、产业化，引导企业采取知识产权转让、许可、质押等方式实现知识产权的市场价值。

（3）加强知识产权保护。修订惩处侵犯知识产权行为的法律法规，加大司法惩处力度。提高权利人自我维权的意识和能力。降低维权成本，提高侵权代价，有效遏制侵权行为。

（4）防止知识产权滥用。制定相关法律法规，合理界定知识产权的界限，防止知识产权滥用，维护公平竞争的市场秩序和公众合法权益。

（5）培育知识产权文化。加强知识产权宣传，提高全社会知识产权意识，广泛开展知识产权普及型教育。在精神文明创建活动和国家普法教育中增加有关知识产权的内容。在全社会弘扬以创新为荣、剽窃为耻，以诚实守信为荣、假冒欺骗为耻的道德观念，形成尊重知识、崇尚创新、诚信守法的知识产权文化。

4. 专项任务

（1）专利。

①以国家战略需求为导向，在生物和医药、信息、新材料、先进制造、先进能源、海洋、资源环境、现代农业、现代交通、航空航天等技术领域超前部署，掌握一批具有核心技术的专利，支撑我国高技术产业与新兴产业发展。

②完善职务发明制度，建立既有利于激发职务发明人创新积极性，又有利于促进专利技术实施的利益分配机制。

（2）商标。

①切实保护商标权人和消费者的合法权益。加强执法能力建设，严厉打击假冒等侵权行为，维护公平竞争的市场秩序。

②支持企业实施商标战略，在经济活动中使用自主商标。

③充分发挥商标在农业产业化中的作用。积极推动市场主体注册和使用商标，促进农产品质量提高，保证食品安全，提高农产品附加值，增强市场竞争力。

（3）版权。

①扶持新闻出版、广播影视、文学艺术、文化娱乐、广告设计、工艺美术、计算机软件、信息网络等版权相关产业发展，支持具有鲜明民族特色、时代特点作品的创作，扶持难以参与市场竞争的优秀文化作品的创作。

②依法处置盗版行为，加大盗版行为处罚力度。重点打击大规模制售、传播盗版产品的行为，遏制盗版现象。

③有效应对互联网等新技术发展对版权保护的挑战。妥善处理保护版权与保障信息传播的关系，既要依法保护版权，又要促进信息传播。

（4）商业秘密。

引导市场主体依法建立商业秘密管理制度。依法打击窃取他人商业秘密的行为。妥善处理保护商业秘密与自由择业、涉密者竞业限制与人才合理流动的关系，维护职工的合法权益。

（5）植物新品种。

合理调节资源提供者、育种者、生产者和经营者之间的利益关系，注重对农民合法权益的保护。提高种苗单位及农民的植物新品种权保护意识，使品种权人、品种生产经销单位和使用新品种的农民共同受益。

（6）特定领域知识产权。

完善地理标志保护制度。完善遗传资源保护、开发和利用制度，防止遗传资源流失和无序利用。建立健全传统知识保护制度。加强民间文艺保护，促进民间文艺发展。加强集成电路布图设计专有权的有效利用，促进集成电路产业发展。

（7）国防知识产权。

建立国防知识产权的统一协调管理机制，加强国防知识产权管理，促进国防知识产权有效运用。

二、国务院关于新形势下加快知识产权强国建设的若干意见

（一）出台时间

2008 年国家知识产权战略实施以来，我国发明专利申请量连续四年稳居世界首位，商标注册量保持世界第一，已成为知识产权大国。但大而不强、多而不优特征明显，保护不够严格、侵权易发多发等问题仍然突出。为深入实施创新驱动发展战略，深化知识产权领域改革，2016 年 7 月 18 日国务院

颁布《关于新形势下加快知识产权强国建设的若干意见》①。

（二）主要目标

到 2020 年，在知识产权重要领域和关键环节改革上取得决定性成果，逐步形成产业参与国际竞争的知识产权新优势，建成一批知识产权强省、强市，为建成中国特色、世界水平的知识产权强国奠定坚实基础。

（三）重点意见和要求

1. 重点意见

（1）加大知识产权侵权行为惩治力度。完善行政执法和司法保护两条途径优势互补、有机衔接的知识产权保护模式，将故意侵犯知识产权纳入企业和个人信用记录，构建公平竞争、公平监管的创新创业和营商环境。

（2）加强新业态新领域创新成果的知识产权保护。加强互联网、电子商务、大数据等领域知识产权保护规则研究，推动完善相关法律法规，制定完善众创、众包、众扶、众筹知识产权保护政策。

（3）推动构建更加公平合理的国际知识产权规则。加强对外合作机制建设，拓展知识产权公共外交渠道，加强重点产业知识产权海外布局规划，完善海外知识产权风险预警体系。

（4）要建立以知识产权为重要内容的创新驱动发展评价制度。将知识产权产品逐步纳入国民经济核算体系。

2. 重点要求

完善知识产权管理体制，鼓励有条件的地方开展知识产权综合管理改革试点；建立重大经济活动知识产权评议制度，推动专利许可制度改革，实现知识产权在线登记、电子申请和无纸化审批，加快建设世界一流的专利审查

---

① 《关于新形势下加快知识产权强国建设的若干意见》详情请见中华人民共和国中央人民政府官网。

机构。

三、"十三五"国家知识产权保护和运用规划

1. 出台时间和背景

"十二五"时期与"十一五"末相比，我国在每万人口发明专利拥有量，有效商标拥有量，植物新品种申请量以及地理标志、集成电路布图设计等注册登记数量上都有明显提高。但是，我国知识产权数量与质量不协调、区域发展不平衡、保护还不够严格等问题依然突出。

"十三五"时期是我国由知识产权大国向知识产权强国迈进的战略机遇期。知识产权作为科技成果向现实生产力转化的重要桥梁和纽带，激励创新的基本保障作用更加突出。2016 年 12 月 30 日，国务院在此背景下出台了相应政策，即《"十三五"国家知识产权保护和运用规划》[①]（以下简称《规划》）。

2. 基本原则

《规划》以"坚持创新引领、坚持统筹协调、坚持绿色发展、坚持开放共享"为基本原则。

（1）坚持创新引领即是推动知识产权领域理论、制度、文化创新，探索知识产权工作新理念和新模式，厚植知识产权发展新优势，保障创新者的合法权益，激发全社会创新创造热情，培育经济发展新动能。

（2）坚持统筹协调即是加强知识产权工作统筹，推进知识产权与产业、科技、环保、金融、贸易以及军民融合等政策的衔接。做好分类指导和区域布局，坚持总体提升与重点突破相结合，推动知识产权事业全面、协调、可持续发展。

---

① 《"十三五"国家知识产权保护和运用规划》详情请见中华人民共和国中央人民政府官网。

（3）坚持绿色发展即是加强知识产权资源布局，优化知识产权法律环境、政策环境、社会环境和产业生态，推进传统制造业绿色改造，促进产业低碳循环发展，推动资源利用节约高效、生态环境持续改善。

（4）坚持开放共享即是统筹国内国际两个大局，加强内外联动，增加公共产品和公共服务有效供给，强化知识产权基础信息互联互通和传播利用，积极参与知识产权全球治理，持续提升国际影响力和竞争力。

3. 发展目标

到 2020 年，知识产权战略行动计划目标如期完成，知识产权重要领域和关键环节的改革取得决定性成果，保护和运用能力得到大幅提升，建成一批知识产权强省、强市，为促进大众创业、万众创新提供有力保障，为建设知识产权强国奠定坚实基础。

（1）知识产权保护环境显著改善。知识产权市场支撑环境全面优化，服务业规模和水平较好地满足市场需求，形成"尊重知识、崇尚创新、诚信守法"的文化氛围。

（2）知识产权运用效益充分显现。知识产权交易运营更加活跃，技术、资金、人才等创新要素以知识产权为纽带实现合理流动，带动社会就业岗位显著增加，知识产权国际贸易更加活跃，海外市场利益得到有效维护，形成支撑创新发展的运行机制。

（3）知识产权综合能力大幅提升。知识产权拥有量进一步提高，行政管理能力明显提升，专业人才队伍数量充足、素质优良、结构合理，国际事务处理能力不断提高，国际影响力进一步提升。

4. 重点工作

《规划》还提出了以下七个方面的重点工作，如图 2-1 所示。

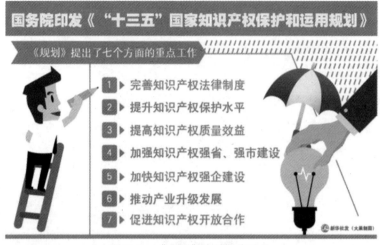

图 2-1 《规划》中的重点工作

资料来源：新华社官网。

（1）完善知识产权法律制度。

①加快知识产权法律法规建设。加快推动《专利法》《著作权法》《反不正当竞争法》及配套法规、《植物新品种保护条例》等法律法规的制修订工作。

②健全知识产权相关法律制度。研究完善商业模式和实用艺术品等知识产权保护制度。研究"互联网＋"、电子商务、大数据等新业态、新领域知识产权保护规则。完善商业秘密保护法律制度，明确商业秘密和侵权行为界定，探索建立诉前保护制度。

（2）提升知识产权保护水平。

①发挥知识产权司法保护作用。推动知识产权领域的司法体制改革，构建公正高效的知识产权司法保护体系，形成资源优化、科学运行、高效权威的知识产权综合审判体系。

②强化知识产权刑事保护。完善常态化打防工作格局，进一步优化全程打击策略，全链条惩治侵权假冒犯罪。加强打假专业队伍能力建设。深化国际执法合作，加大涉外知识产权犯罪案件侦办力度，围绕重点案件开展跨国联合执法行动。

③加强知识产权行政执法体系建设。加强知识产权行政执法能力建设，统一执法标准，建立完善专利、版权线上执法办案系统。完善打击侵权假冒商品的举报投诉机制。创新知识产权快速维权工作机制。

④强化进出口贸易知识产权保护。落实对外贸易法中知识产权保护相关规定，适时出台与进出口贸易相关的知识产权保护政策。坚持专项整治、丰富执法手段、完善运行机制，提高打击侵权假冒执行力度，突出打击互联网领域跨境电子商务侵权假冒违法活动。

⑤强化传统优势领域知识产权保护。开展遗传资源、传统知识和民间文艺等知识产权资源调查，加强对优秀传统知识资源的保护和运用。研究完善中国遗传资源保护利用制度，建立生物遗传资源获取的信息披露、事先知情同意和惠益分享制度。探索构建中医药知识产权综合保护体系，建立医药传统知识保护名录。建立民间文艺作品的使用保护制度。

⑥加强新领域新业态知识产权保护。加大宽带移动互联网、云计算、物联网、大数据、高性能计算、移动智能终端等领域的知识产权保护力度。

⑦加强民生领域知识产权保护。加大对食品、药品、环境等领域的知识产权保护力度，健全侵权假冒快速处理机制。建立健全创新药物、新型疫苗、先进医疗装备等领域的知识产权保护长效工作机制。加强污染治理和资源循环利用等生态环保领域的专利保护力度。

（3）提高知识产权质量效益。

①提高专利质量效益。建立专利申请质量监管机制。深化专利代理领域改革。健全专利审查质量管理机制。优化专利审查流程与方式。完善专利审查协作机制。继续深化专利审查业务国际合作，拓展"专利审查高速路"国际合作网络。加快建设世界一流专利审查机构。

②实施商标战略。提升商标注册便利化水平，优化商标审查体系，建立健全便捷高效的商标审查协作机制。提升商标权保护工作效能，为商标建设营造公平竞争的市场环境。创新商标行政指导和服务监管方式，提升企业运

用商标制度能力，打造知名品牌。

③打造精品版权。全面完善版权社会服务体系，发挥版权社会服务机构的作用。推动版权资产管理制度建设。打造一批规模化、集约化、专业化的版权企业，带动版权产业健康快速发展。

④加强地理标志、植物新品种和集成电路布图设计等领域知识产权工作。建立地理标志联合认定机制，加强我国地理标志在海外市场注册和保护工作。推动建立统筹协调的植物新品种管理机制，加强种子企业与高校、科研机构的协作创新，建立授权植物新品种的基因图谱数据库，完善集成电路布图设计保护制度，充分发挥集成电路布图设计制度的作用，促进集成电路产业升级发展。

（4）加强知识产权强省、强市建设。

①建成一批知识产权强省、强市。推进引领型、支撑型、特色型知识产权强省建设，发挥知识产权强省的示范带动作用。

②促进区域知识产权协调发展。推动开展知识产权区域布局试点，形成以知识产权资源为核心的配置导向目录，推进区域知识产权资源配置和政策优化调整。

（5）加快知识产权强企建设。

①提升企业知识产权综合能力。推行企业知识产权管理国家标准，在生产经营、科技创新中加强知识产权全过程管理。

②培育知识产权优势企业。出台知识产权优势企业建设指南，推动建立企业知识产权服务机制，引导优质服务力量助力企业形成知识产权竞争优势。

（6）推动产业升级发展。

①推动专利导航产业发展。深入实施专利导航试点工程，引导产业创新发展，开展产业知识产权全球战略布局，助推产业提质增效升级。

②完善"中国制造"知识产权布局。围绕"中国制造2025"的重点领域和"互联网+"行动的关键环节，形成一批产业关键核心共性技术知识产权。

③促进知识产权密集型产业发展。运用股权投资基金等市场化方式，引导社会资金投入知识产权密集型产业。鼓励有条件的地区发展知识产权密集型产业集聚区，构建优势互补的产业协调发展格局。

（7）促进知识产权开放合作。

①加强知识产权国际交流合作。进一步加强涉外知识产权事务的统筹协调。加强与经贸相关的多双边知识产权对外谈判、双边知识产权合作磋商机制及国内立场的协调等工作。加强与世界知识产权组织、世界贸易组织及相关国际组织的交流合作。继续巩固发展知识产权多双边合作关系，加强与"一带一路"沿线国家、金砖国家的知识产权交流合作。

②积极支持创新企业"走出去"。健全企业海外知识产权维权援助体系。支持企业广泛开展知识产权跨国交易，推动有自主知识产权的服务和产品"走出去"。

- - - - - -

第二节

专利法律知识

- - - - - - - - - - - - - - - - -

一、中国专利制度主要特点

（一）先申请原则

世界范围内从时间上确定申请专利的原则有两个：一是先发明原则，二是先申请原则。先发明原则是几个人就同一发明创造向专利行政部门申请专利,专利行政部门将专利权授予最先完成发明创造的人。我国采用先申请原则。根据《专利法》第九条规定,同样的发明创造只能授予一项专利权。两个以上的申请人分别就同样的发明创造申请专利的,专利权授予最先申请的人。

（二）三种专利类型

在我国,专利法保护三种专利类型,即发明、实用新型、外观设计。根据《专利法》第二条规定,我国专利法所称的发明创造是指发明、实用新型和外观设计。发明,是指对产品、方法或者其改进所提出的新的技术方案。实用新型,是指对产品的形状、构造或者其结合所提出的适于实用的新的技术方案。外观设计,是指对产品的形状、图案或者其结合以及色彩与形状、图案的结合所做出的富有美感并适于工业应用的新设计。

（三）三种专利的审查制度

我国的专利审查制度包括初步审查制和实质审查制。对发明专利实行实质审查制,而对实用新型专利和外观设计专利实行形式审查制。

专利初步审查也称为"形式审查",是国务院专利行政部门对发明、实用新型和外观设计专利申请是否具备形式条件进行的审查。初步审查的主要目的是查明申请专利的发明是否符合《专利法》关于形式要求的规定,为以后的公开和实质审查做准备;查明申请专利的实用新型和外观设计是否符合《专利法》关于授予专利权的规定,对符合授权条件的实用新型和外观设计依法授予专利权。专利实质审查是对发明的新颖性、创造性和实用性进行审查,对发明是否具备授予专利权的条件审查的制度。

（四）行政保护与司法保护双轨制

自我国 1984 年首部《专利法》确立了专利权行政保护和司法保护并行的方式开始,这样的双轨制模式一直沿用至今。专利权的行政保护,是指国家专利行政机关按照相关法律程序，运用行政权力调解专利权归属纠纷和查处专利违法行为，维护专利权人的合法权益的制度。专利权司法保护，是指专利权人因专利权受到侵害而向法院提起诉讼，以及当事人对专利复审委员会的决定不服向法院提起行政诉讼，寻求司法救济的法律保护制度。

二、申请专利的权利和专利权的归属

（一）相关概念

1.发明人或设计人的概念

《专利法实施细则》第十三条规定，发明人是指对发明创造的实质性特点做出创造性贡献的人。在完成发明创造过程中，只负责组织工作的人、为物质技术条件的利用提供方便的人或者从事其他辅助工作的人，不是发明人或者设计人。《专利法》规定，在发明专利和实用新型专利中，对发明创造具体实质性特点做出贡献的人称为发明人。发明人为自然人。在外观设计专利中，对外观设计特点做出贡献的人称为设计人。设计人为自然人。

发明人或者设计人有权在专利文件中写明自己是发明人或者设计人。

2.申请人的概念

专利申请人就是对某项发明创造有资格向国务院专利行政部门提出专利申请的公民、法人或者其他组织。根据《专利法》第十八条规定，在中国没有经常居所或者营业所的外国人、外国企业或者外国其他组织在中国申请专利的，依照其所属国同中国签订的协议或者共同参加的国际条约，或者依照互惠原则，根据本法办理。

根据《专利法》第十九条规定，在中国没有经常居所或者营业所的外国人、外国企业或者外国其他组织在中国申请专利和办理其他专利事务的，应当委托依法设立的专利代理机构办理。中国单位或者个人在国内申请专利和办理其他专利事务的，可以委托依法设立的专利代理机构办理。

专利代理机构应当遵守法律、行政法规，按照被代理人的委托办理专利申请或者其他专利事务；对被代理人发明创造的内容，除专利申请已经公布或者公告的以外，负有保密责任。专利代理机构的具体管理办法由国务院规定。

3. 专利权人的概念

专利权人是指可以申请并取得专利权的单位和个人，也就是专利权的主体。专利权人包括三种类型：

（1）发明人、设计人所在单位。企事业单位、社会团体、国家机关的工作人员执行本单位的任务或者主要是利用本单位物质条件所完成的职务发明创造，申请专利的权利属于该单位。

（2）发明人、设计人。发明人或者设计人所完成的非职务发明创造，申请专利的权利属于发明人或者设计人所有。《专利法》所称发明人或者设计人，是指对发明创造的实质性特点做出突出贡献的人。在完成发明创造过程中只负责组织工作的人、为物质条件的利用提供方便的人或者其他从事辅助工作的人，不应当被认为是发明人或者设计人。

（3）共同发明人、设计人。由两个以上的单位或个人协作完成的发明创造，称为共同发明创造，完成此项发明创造的人称为共同发明人或共同设计人。除另有协议外，共同发明创造的专利申请权属于共同发明人，申请被批准后，专利权归共同发明人共有。一个单位接受其他单位委托的研究、设计任务所完成的发明创造，除另有协议的以外，申请专利的权利属于完成的单位，申请被批准后专利权归申请的单位所有或者持有。

4. 共有权利的行使

根据《专利法》第十五条的规定，专利申请权或者专利权的共有人对权利的行使有约定的，从其约定。没有约定的，共有人可以单独实施或者以普通许可方式许可他人实施该专利；许可他人实施该专利的，收取的使用费应当在共有人之间分配。

除上述规定的情形外，行使共有的专利申请权或者专利权应当取得全体共有人的同意。

（二）权利的归属

1. 职务发明创造

根据《专利法》第六条的规定，职务发明创造是指发明人或设计人执行本单位的任务或者主要是利用本单位的物质技术条件所完成的发明创造。职务发明创造申请专利的权利属于该单位；申请被批准后，该单位为专利权人。利用本单位的物质技术条件所完成的发明创造，单位与发明人或者设计人订有合同，对申请专利的权利和专利权的归属做出约定的，从其约定。

根据《专利法实施细则》第十二条的规定：《专利法》第六条所称执行本单位的任务所完成的职务发明创造是指：①在本职工作中做出的发明创造；②履行本单位交付的本职工作之外的任务所做出的发明创造；③退职、退休或者调动工作后一年内做出的，与其在原单位承担的本职工作或者原单位分配的任务有关的发明创造。《专利法》第六条所称本单位的物质条件，是指本单位的资金、设备、零部件、原材料或者不对外公开的技术资料等。

被授予专利权的单位可以与发明人、设计人约定或者在其依法制定的规章制度中规定《专利法》第十六条规定的奖励、报酬的方式和数额。企业、事业单位给予发明人或者设计人的奖励、报酬，按照国家有关财务、会计制度的规定进行处理。

被授予专利权的单位未与发明人、设计人约定，也未在其依法制定的规章制度中规定《专利法》第十六条规定的奖励的方式和数额的，应当自专利权公告之日起三个月内发给发明人或者设计人奖金。一项发明专利的奖金最低不少于3000元；一项实用新型专利或者外观设计专利的奖金最低不少于1000元。

由于发明人或者设计人的建议被其所属单位采纳而完成的发明创造，被授予专利权的单位应当从优发给奖金。被授予专利权的单位未与发明人、设计人约定，也未在其依法制定的规章制度中规定《专利法》第十六条规定的报酬的方式和数额的，在专利权有效期限内，实施发明创造专利后，每年应当从实施该项发明或者实用新型专利的营业利润中提取不低于2%或者从实施该项外观设计专利的营业利润中提取不低于0.2%，作为报酬给予发明人或者设计人，或者参照上述比例，给予发明人或者设计人一次性报酬；被授予专利权的单位许可其他单位或者个人实施其专利的，应当从收取的使用费中提取不低于10%，作为报酬给予发明人或者设计人。

另外，非职务发明创造，申请专利的权利属于发明人或者设计人；申请被批准后，该发明人或者设计人为专利权人。

2.合作开发完成的发明创造

合作开发完成的发明创造，是指两个或两个以上的单位或者个人互相配合，共同进行研究和开发形成的发明创造。根据《专利法》的相关规定，对于合作完成的发明创造，其申请专利的权利归属分为两个方面：

（1）当事人有约定的从其约定，也就是当事人对申请专利的权利做出事先约定的，就依照约定来执行。申请被批准后，约定的申请的单位或者个人为专利权人。

（2）当事人没有约定的，申请专利的权利属于完成或者共同完成的单位或者个人。申请被批准后，申请的单位或者个人为专利权人。

此外，根据《合同法》第三百四十条的规定，合作开发的当事人一方转让其共有的申请专利的权利的，其他各方享有以同等条件优先受让的权利；合作开发的当事人一方声明放弃其共有的申请专利的权利的，可以由另一方单独申请或者由其他各方共同申请；申请人取得专利权的，放弃申请专利的权利的一方可以免费实施该专利；合作开发的当事人一方不同意申请专利的，另一方不得提交专利申请。

3.委托开发完成的发明创造

根据《专利法》第八条的规定，两个以上单位或者个人合作完成的发明创造、一个单位或者个人接受其他单位或者个人委托所完成的发明创造，除另有协议的以外，申请专利的权利属于完成或者共同完成的单位或者个人；申请被批准后，申请的单位或者个人为专利权人。

三、授权专利的实质条件

（一）专利保护的对象和主体

1.三种专利的保护对象

（1）发明。

根据《专利法》第二条第二款的规定，该法所称的发明是指对产品、方法或者其改进所提出的新的技术方案。

（2）实用新型。

根据《专利法》第二条第三款的规定，该法所称实用新型，是指对产品的形状、构造或者其结合所提出的适于实用的新的技术方案。

根据《专利法》第二条第三款的规定，实用新型专利只保护产品。根据《专利审查指南》所述，产品应当是经过产业方法制造的，有确定形状、构造且占据一定空间的实体。一切方法以及未经人工制造的自然存在的物品不属于实用新型专利保护的客体。上述方法包括产品的制造方法、使用方法、通讯方法、处理方法、计算机程序以及将产品用于特定用途等。例如，齿轮的制造方法、工作间的除尘方法或数据处理方法，自然存在的雨花石等不属于实用新型专利保护的客体。一项发明创造可能既包括对产品形状、构造的改进，也包括对生产该产品的专用方法、工艺或构成该产品的材料本身等方面的改进。但是实用新型专利仅保护针对产品形状、构造提出的改进技术方案。

产品的形状是指产品所具有的、可以从外部观察到的确定的空间形状。对产品形状所提出的改进可以是对产品的三维形态所提出的改进，例如对凸轮形状、刀具形状做出的改进；也可以是对产品的二维形态所提出的改进，例如对型材的断面形状的改进。无确定形状的产品,例如气态、液态、粉末状、颗粒状的物质或材料,其形状不能作为实用新型产品的形状特征。

应当注意的是：①不能以生物的或者自然形成的形状作为产品的形状特征。例如,不能以植物盆景中植物生长所形成的形状作为产品的形状特征,也不能以自然形成的假山形状作为产品的形状特征。②不能以摆放、堆积等方法获得的非确定的形状作为产品的形状特征。③允许产品中的某个技术特征为无确定形状的物质,如气态、液态、粉末状、颗粒状物质,只要其在该产品中受该产品结构特征的限制即可,例如,对温度计的形状构造所提出的技术方案中允许写入无确定形状的酒精。④产品的形状可以是在某种特定情况下所具有的确定的空间形状。例如,具有新颖形状的冰杯、降落伞等。又如,一种用于钢带运输和存放的钢带包装壳,由内钢圈、外钢圈、捆带、外护板以及防水复合纸等构成,若其各部分按照技术方案所确定的相互关系将钢带包装起来后形成确定的空间形状,这样的空间形状不具有任意性,则钢带包装壳属于实用新型专利保护的客体。

产品的构造是指产品的各个组成部分的安排、组织和相互关系。产品的构造可以是机械构造,也可以是线路构造。机械构造是指构成产品的零部件的相对位置关系、连接关系和必要的机械配合关系等；线路构造是指构成产品的元器件之间确定的连接关系。复合层可以认为是产品的构造,产品的渗碳层、氧化层等属于复合层结构。物质的分子结构、组分、金相结构等不属于实用新型专利给予保护的产品的构造。例如,仅改变焊条药皮组分的电焊条不属于实用新型专利保护的客体。

应当注意的是：①权利要求中可以包含已知材料的名称,即可以将现有技术中的已知材料应用于具有形状、构造的产品上,例如复合木地板、塑料杯、记忆合金制成的心脏导管支架等,不属于对材料本身提出的改进。②如果权利要求中既包含形状、构造特征,又包含对材料本身提出的改进,则不属于实用新型专利保护的客体。例如,一种菱形药片,其特征在于,该药片是由 20% 的 A 组分、40% 的 B 组分及 40% 的 C 组分构成的。由于该权利要求包含了对材料本身提出的改进，因而不属于实用新型专利保护的客体。

（3）外观设计。

根据《专利法》第二条第四款的规定，该法所称外观设计，是指对产品的形状、图案或者其结合以及色彩与形状、图案的结合所做出的富有美感并适于工业应用的新设计。根据《专利审查指南》所述，外观设计是产品的外观设计，其载体应当是产品。不能重复生产的手工艺品、农产品、畜产品、自然物不能作为外观设计的载体。构成外观设计的是产品的外观设计要素或要素的结合，其中包括形状、图案或者其结合以及色彩与形状、图案的结合。

产品的色彩不能独立构成外观设计，除非产品色彩变化的本身已形成一种图案。可以构成外观设计的组合有：产品的形状；产品的图案；产品的形状和图案；产品的形状和色彩；产品的图案和色彩；产品的形状、图案和色彩。形状，是指对产品造型的设计，也就是指产品外部的点、线、面的移动、变化、组合而呈现的外表轮廓，即对产品的结构、外形等同时进行设计、制造的结果。图案，是指由任何线条、文字、符号、色块的排列或组合而在产品的表面构成的图形。图案可以通过绘图或其他能够体现设计者的图案设计构思的手段制作。产品的图案应当是固定的、可见的，而不应是时有时无的或者需要在特定条件下才能看见的。色彩，是指用于产品上的颜色或者颜色的组合，制造该产品所用材料的本色不是外观设计的色彩。外观设计要素，即形状、图案、色彩是相互依存的，有时其界限是难以界定的，例如多种色块的搭配即成图案。

适于工业应用，是指该外观设计能应用于产业上并形成批量生产。富有美感，是指在判断是否属于外观设计专利权的保护客体时，关注的是产品的外观给人的视觉感受，而不是产品的功能特性或者技术效果。

根据《专利法》第二条第四款的规定，以下属于不授予外观设计专利权的情形：

①取决于特定地理条件，不能重复再现的固定建筑物、桥梁等。例如，

包括特定的山水在内的山水别墅。

②因其包含有气体、液体及粉末状等无固定形状的物质而导致其形状、图案、色彩不固定的产品。

③产品的不能分割或者不能单独出售且不能单独使用的局部设计，例如袜跟、帽檐、杯把等。

④对于由多个不同特定形状或者图案的构件组成的产品，如果构件本身不能单独出售且不能单独使用，则该构件不属于外观设计专利保护的客体。例如，一组由不同形状的插接块组成的拼图玩具，只有将所有插接块共同作为一项外观设计申请时，才属于外观设计专利保护的客体。

⑤不能作用于视觉或者肉眼难以确定，需要借助特定的工具才能分辨其形状、图案、色彩的物品。例如，其图案是在紫外灯照射下才能显现的产品。

⑥要求保护的外观设计不是产品本身常规的形态，例如手帕扎成动物形态的外观设计。

⑦以自然物原有形状、图案、色彩作为主体的设计，通常指两种情形，一种是自然物本身，另一种是自然物仿真设计。

⑧纯属美术、书法、摄影范畴的作品。

⑨仅以在其产品所属领域内司空见惯的几何形状和图案构成的外观设计。

⑩文字和数字的字音、字义不属于外观设计保护的内容。产品通电后显示的图案。例如，电子表表盘显示的图案、手机显示屏显示的图案、软件界面等。

2.不授予专利权的客体

根据《专利法》第五条第一款所规定的不授予专利权的发明创造的情况，《专利审查指南》做出如下解释：

（1）违反法律的发明创造。

发明创造与法律相违背的，不能被授予专利权。例如，用于赌博的设备、机器或工具；吸毒的器具；伪造国家货币、票据、公文、证件、印章、文物的设备等都属于违反法律的发明创造，不能被授予专利权。发明创造并没有违反法律，但是由于其被滥用而违反法律的，则不属此列。例如，用于医疗的各种毒药、麻醉品、镇静剂、兴奋剂和用于娱乐的棋牌等。

发明创造不包括仅其实施为法律所禁止的发明创造。其含义是，如果仅是发明创造的产品的生产、销售或使用受到法律的限制或约束，则该产品本身及其制造方法并不属于违反法律的发明创造。例如，用于国防的各种武器的生产、销售及使用虽然受到法律的限制，但这些武器本身及其制造方法仍然属于可给予专利保护的客体。

（2）违反社会公德的发明创造。

社会公德，是指公众普遍认为是正当的，并被接受的伦理道德观念和行为准则。它的内涵基于一定的文化背景，随着时间的推移和社会的进步不断地发生变化，而且因地域不同而各异。中国《专利法》中所称的社会公德限于中国境内。发明创造与社会公德相违背的，不能被授予专利权。例如，带有暴力凶杀或者淫秽的图片或者照片的外观设计，非医疗目的的人造性器官或者其替代物，人与动物交配的方法，改变人生殖系遗传同一性的方法或改变了生殖系遗传同一性的人，克隆的人或克隆人的方法，人胚胎的工业或商业目的的应用，可能导致动物痛苦而对人或动物的医疗没有实质性益处的改变动物遗传同一性的方法等，上述发明创造违反社会公德，不能被授予专利权。

（3）妨害公共利益的发明创造。

妨害公共利益，是指发明创造的实施或使用会给公众或社会造成危害，或者会使国家和社会的正常秩序受到影响。例如，发明创造以致人伤残或损害财物为手段的，如一种使盗窃者双目失明的防盗装置及方法，不能被授予专利权；发明创造的实施或使用会严重污染环境、严重浪费能源或资源、破坏生态平衡、危害公众健康的，不能被授予专利权；专利申请的文字或者图案涉及国家重大政治事件或宗教信仰、伤害人民感情或民族感情或者宣传封建迷信的，不能被授予专利权。但是，如果发明创造因滥用而可能造成妨害公共利益的，或者发明创造在产生积极效果的同时存在某种缺点的，例如对人体有某种副作用的药品，则不能以"妨害公共利益"为理由拒绝授予专利权。

（4）违反法律、行政法规的规定获取或者利用遗传资源，并依赖遗传资源完成的发明创造。

根据《专利法》第五条第二款的规定，对违反法律、行政法规的规定获取或者利用遗传资源，并依赖该遗传资源完成的发明创造，不授予专利权。根据《专利法实施细则》第二十六条第一款的规定，《专利法》所称遗传资源，是指取自人体、动物、植物或者微生物等含有遗传功能单位并具有实际价值或者潜在价值的材料；专利法所称依赖遗传资源完成发明创造，是指利用了遗传资源的遗传功能完成发明创造。在上述规定中，遗传功能是指生物体通过繁殖将性状或者特征代代相传或者使整个生物体得以复制的能力。遗传功能单位是指生物体的基因或者具有遗传功能的 DNA 或者 RNA 片段。取自人体、动物、植物或者微生物等含有遗传功能单位的材料，是指遗传功能单位的载体，既包括整个生物体，也包括生物体的某些部分，例如器官、组织、血液、体液、细胞、基因组、基因、DNA 或者 RNA 片段等。发明创造利用了遗传资源的遗传功能是指对遗传功能单位进行分离、分析、处理等，以完成发明创造，实现其遗传资源的价值。

违反法律、行政法规的规定获取或者利用遗传资源，是指遗传资源的获取或者利用未按照我国有关法律、行政法规的规定事先获得有关行政管理部门的批准或者相关权利人的许可。例如，按照《中华人民共和国畜牧法》和《中华人民共和国畜禽遗传资源进出境和对外合作研究利用审批办法》的规定，向境外输出列入中国畜禽遗传资源保护名录的畜禽遗传资源应当办理相关审批手续，某发明创造的完成依赖于中国向境外出口的列入中国畜禽遗传资源保护名录的某畜禽遗传资源，未办理审批手续的，该发明创造不能被授予专利权。

（5）科学发现。科学发现，是指对自然界中客观存在的物质、现象、变化过程及其特性和规律的揭示。科学理论是对自然界认识的总结，是更为广义的发现。它们都属于人们认识的延伸。这些被认识的物质、现象、过程、特性和规律不同于改造客观世界的技术方案，不是专利法意义上的发明创造，因此不能被授予专利权。例如，发现卤化银在光照下有感光特性，这种发现不能被授予专利权，但是根据这种发现制造出的感光胶片以及此感光胶片的制造方法则可以被授予专利权。又如，从自然界找到一种以前未知的以天然形态存在的物质，仅是一种发现，不能被授予专利权。

应当注意，发明和发现虽有本质不同，但两者关系密切。通常，很多发明是建立在发现的基础之上，发明进而促进了发现。发明与发现的这种密切关系在化学物质的"用途发明"上表现最为突出，当发现某种化学物质的特殊性质之后，利用这种性质的"用途发明"则应运而生。

（6）智力活动的规则和方法。智力活动，是指人的思维运动，它源于人的思维，经过推理、分析和判断产生出抽象的结果，或者必须以人的思维运动作为媒介，间接地作用于自然产生结果。智力活动的规则和方法是指导人们进行思维、表述、判断和记忆的规则和方法。由于其没有采用技术手段或者利用自然规律，也未解决技术问题和产生技术效果，因而不构成技术方案。

在判断涉及智力活动的规则和方法的专利申请保护的主题是否属于可授予专利权的客体时，应当遵循以下原则：如果一项权利要求仅涉及智力活动的规则和方法，则不应当被授予专利权。如果一项权利要求，除其主题名称以外，对其进行限定的全部内容均为智力活动的规则和方法，则该权利要求实质上仅涉及智力活动的规则和方法，也不应当被授予专利权。例如，审查专利申请的方法；组织、生产、商业实施和经济等方面的管理方法及制度；交通行车规则、时间调度表、比赛规则；演绎、推理和运筹的方法；图书分类规则、字典的编排方法、情报检索的方法、专利分类法；日历的编排规则和方法；仪器和设备的操作说明；各种语言的语法、汉字编码方法；计算机的语言及计算规则；速算法或口诀；数学理论和换算方法；心理测验方法；教学、授课、训练和驯兽的方法；各种游戏、娱乐的规则和方法；统计、会计和记账的方法；乐谱、食谱、棋谱；锻炼身体的方法；疾病普查的方法和人口统计的方法；信息表述方法；计算机程序本身。

（7）疾病的诊断和治疗方法。疾病的诊断和治疗方法，是指以有生命的人体或者动物体为直接实施对象，进行识别、确定或消除病因或病灶的过程。出于人道主义的考虑和社会伦理，医生在诊断和治疗过程中应当有选择各种方法和条件的自由。另外，这类方法直接以有生命的人体或动物体为实施对象，无法在产业上利用，不属于专利法意义上的发明创造。因此疾病的诊断和治疗方法不能被授予专利权。但是，用于实施疾病诊断和治疗方法的仪器或装置，以及在疾病诊断和治疗方法中使用的物质或材料属于可被授予专利权的客体。

诊断方法，是指为识别、研究和确定有生命的人体或动物体病因或病灶状态的过程。一项与疾病诊断有关的方法如果同时满足以下两个条件，则属于疾病的诊断方法，不能被授予专利权：①以有生命的人体或动物体为对象；②以获得疾病诊断结果或健康状况为直接目的。如果一项发明从表述形式上看是以离体样品为对象，但该发明是以获得同一主体疾病诊断结果或健康状况为直接目的，则该发明仍然不能被授予专利权。如果请求专利保护的方法包括了诊断步骤或者虽未包括诊断步骤但包括检测步骤，而根据现有技术中的医学知识和该专利申请公开的内容，只要知晓所说的诊断或检测信息，就能够直接获得疾病的诊断结果或健康状况，则该方法满足上述条件②。

以下方法不能被授予专利权：血压测量法、诊脉法、足诊法、X光诊断法、超声诊断法、胃肠造影诊断法、内窥镜诊断法、同位素示踪影像诊断法、红外光无损诊断法、患病风险度评估方法、疾病治疗效果预测方法、基因筛查诊断法。

以下几类方法不属于诊断方法：①在已经死亡的人体或动物体上实施的

病理解剖方法；②直接目的不是获得诊断结果或健康状况，而只是从活的人体或动物体获取作为中间结果的信息的方法，或处理该信息（形体参数、生理参数或其他参数）的方法；③直接目的不是获得诊断结果或健康状况，而只是对已经脱离人体或动物体的组织、体液或排泄物进行处理或检测以获取作为中间结果的信息的方法，或处理该信息的方法。

对上述②和③需要说明的是，只有当根据现有技术中的医学知识和该专利申请公开的内容从所获得的信息本身不能够直接得出疾病的诊断结果或健康状况时，这些信息才能被认为是中间结果。

治疗方法，是指为使有生命的人体或者动物体恢复或获得健康或减少痛苦，进行阻断、缓解或者消除病因或病灶的过程。治疗方法包括以治疗为目的或者具有治疗性质的各种方法。预防疾病或者免疫的方法视为治疗方法。对于既可能包含治疗目的又可能包含非治疗目的的方法，应当明确说明该方法用于非治疗目的，否则不能被授予专利权。

以下几类方法属于或者应当视为治疗方法的例子，不能被授予专利权：①外科手术治疗方法、药物治疗方法、心理疗法。②以治疗为目的的针灸、麻醉、推拿、按摩、刮痧、气功、催眠、药浴、空气浴、阳光浴、森林浴和护理方法。③以治疗为目的的利用电、磁、声、光、热等种类的辐射刺激或照射人体或者动物体的方法。④以治疗为目的的采用涂覆、冷冻、透热等方式的治疗方法。⑤为预防疾病而实施的各种免疫方法。⑥为实施外科手术治疗方法和／或药物治疗方法采用的辅助方法，例如返回同一主体的细胞和组织或器官的处理方法、血液透析方法、麻醉深度监控方法、药物内服方法、药物注射方法、药物外敷方法等。⑦以治疗为目的的受孕、避孕、增加精子数量、体外受精、胚胎转移等方法。⑧以治疗为目的的整容、肢体拉伸、减肥、增高方法。⑨处置人体或动物体伤口的方法，例如伤口消毒方法、包扎方法。⑩以治疗为目的的其他方法，例如人工呼吸方法、输氧方法。需要指出的是，虽然使用药物治疗疾病的方法是不能被授予专利权的，但是，药物本身是可以被授予专利权的。

以下几类方法属于治疗方法，不得依据《中华人民共和国专利法》第二十五条第一款第（三）项拒绝授予其专利权。

（1）制造假肢或者假体的方法，以及为制造该假肢或者假体而实施的测量方法。例如一种制造假牙的方法，该方法包括在患者口腔中制作牙齿模具，而在体外制造假牙。虽然其最终目的是治疗，但是该方法本身的目的是制造出合适的假牙。

（2）通过非外科手术方式处置动物体以改变其生长特性的畜牧业生产方法。例如，通过对活羊施加一定的电磁刺激促进其增长、提高羊肉质量或增加羊毛产量的方法。

（3）动物屠宰方法。

（4）对于已经死亡的人体或动物体采取的处置方法。例如解剖、整理遗容、尸体防腐、制作标本的方法。

（5）单纯的美容方法，即不介入人体或不产生创伤的美容方法，包括在皮肤、毛发、指甲、牙齿外部可为人们所视的部位局部实施的、非治疗目的的身体除臭、保护、装饰或者修饰方法。

（6）为使非病态的人或者动物感觉舒适、愉快或者在诸如潜水、防毒等特殊情况下输送氧气、负氧离子、水分的方法。

（7）杀灭人体或者动物体外部（皮肤或毛发上，但不包括伤口和感染部位）的细菌、病毒、虱子、跳蚤的方法。

（8）动物和植物品种。动物和植物是有生命的物体。根据《中华人民共和国专利法》第二十五条第一款第（四）项的规定，动物和植物品种不能被授予专利权。《中华人民共和国专利法》所称的动物不包括人，所述动物是指不能自己合成，而只能靠摄取自然的碳水化合物及蛋白质来维系其生命的生物。《中华人民共和国专利法》所称的植物，是指可以借助光合作用，以水、二氧化碳和无机盐等无机物合成碳水化合物、蛋白质来维系生存，并通常不发生移动的生物。动物和植物品种可以通过《中华人民共和国专利法》以外的其他法律法规保护，例如，《植物新品种保护条例》可以给予植物新品种保护。根据《中华人民共和国专利法》第二十五条第二款的规定，对动物和植物品种的生产方法，可以授予专利权。但这里所说的生产方法是指非生物学的方法，不包括生产动物和植物主要是生物学的方法。

一种方法是否属于"主要是生物学的方法"，取决于该方法中人的技术介入程度。如果人的技术介入对该方法所要达到的目的或者效果起到了主要的控制作用或者决定性作用，则这种方法不属于"主要是生物学的方法"。例如，采用辐照法饲养高产牛奶的乳牛的方法、改进方法饲养瘦肉型猪的方法等属于可被授予发明专利权的客体。所谓微生物发明是指利用各种细菌、真菌、病毒等微生物去生产一种化学物质（如抗生素）或者分解一种物质等的发明。微生物和微生物方法可以获得专利保护。

（9）原子核变换方法和用该方法取得的物质。原子核变换方法，是指使一个或几个原子核经分裂或者聚合，形成一个或几个新原子核的过程，例如，完成核聚变反应的磁镜阱法、封闭阱法以及实现核裂变的各种方法等，这些变换方法是不能被授予专利权的。但是，为实现原子核变换而增加粒子能量的粒子加速方法（如电子行波加速法、电子驻波加速法、电子对撞法、电子环形加速法等），不属于原子核变换方法，而属于可被授予发明专利权的客体。为实现核变换方法的各种设备、仪器及其零部件等，均属于可被授予专利权的客体。用原子核变换方法所获得的物质，主要是指用加速器、反应堆以及其他核反应装置生产、制造的各种放射性同位素，这些同位素不能被授予发明专利权。但是这些同位素的用途以及使用的仪器、设备属于可被授予专利权的客体。

（10）对平面印刷品的图案、色彩或者两者的结合做出的主要标识作用的设计。《中华人民共和国专利法》第二十五条第一款第（六）项规定，对平面印刷品的图案、色彩或者二者的结合做出的主要起标识作用的设计，不授予专利权。如果一件外观设计专利申请同时满足下列三个条件，则认为所述申请属于《中华人民共和国专利法》第二十五条第一款第（六）项规定的不授予专利权的情形：①使用外观设计的产品属于平面印刷品；②该外观设计是针对图案、色彩或者两者的结合而做出的；③该外观设计主要起标识作用。在依据上述规定对外观设计专利申请进行审查时，审查员首先根据申请的图片或者照片以及简要说明，审查使用外观设计的产品是否属于平面印刷品。其次审查所述外观设计是否针对图案、色彩或者两者的结合而做出的。由于不考虑形状要素，所以任何二维产品的外观设计均可认为是针对图案、色彩或者两者的结合而做出的。最后，审查所述外观设计对于所使用的产品来说是否主要起标识作用。主要起标识作用是指所述外观设计的主要用途在于使公众识别所涉及的产品、服务的来源等。

（二）发明和实用新型专利申请的授权条件

根据《中华人民共和国专利法》第二十二条第一款的规定，授予专利权的发明和实用新型应当具备新颖性、创造性和实用性。

1. 现有技术

根据《中华人民共和国专利法》第二十二条第五款的规定，现有技术是指申请日以前在国内外为公众所知的技术。根据《专利审查指南》所述，现有技术包括在申请日（有优先权的，指优先权日）以前在国内外出版物上公开发表、在国内外公开使用或者以其他方式为公众所知的技术。现有技术应当是在申请日以前公众能够得知的技术内容。换句话说，现有技术应当在申请日以前处于能够被公众获得的状态，并包含能够使公众从中得知实质性技术知识的内容。应当注意，处于保密状态的技术内容不属于现有技术。所谓保密状态，不仅包括受保密规定或协议约束的情形，还包括社会观念或者商业习惯上被认为应当承担保密义务的情形，即默契保密的情形。

现有技术的时间界限是申请日，享有优先权的，则指优先权日。广义上说，申请日以前公开的技术内容都属于现有技术，但申请日当天公开的技术内容不包括在现有技术范围内。现有技术公开方式包括出版物公开、使用公开和以其他方式公开三种，均无地域限制。

《中华人民共和国专利法》意义上的出版物是指记载有技术或设计内容的独立存在的传播载体，并且应当表明或者有其他证据证明其公开发表或出版的时间。出版物不受地理位置、语言或者获得方式的限制，也不受年代的限制。出版物的出版发行量多少、是否有人阅读过、申请人是否知道是无关紧要的。印有"内部资料"、"内部发行"等字样的出版物，确系在特定范围内发行并要求保密的，不属于公开出版物。

由于使用而导致技术方案的公开，或者导致技术方案处于公众可以得知的状态，这种公开方式称为使用公开。使用公开的方式包括能够使公众得知其技术内容的制造、使用、销售、进口、交换、馈赠、演示、展出等方式。只要通过上述方式使有关技术内容处于公众想得知就能够得知的状态，就构成使用公开，而不取决于是否有公众得知。无法得知其结构和功能或材料成分的产品展示，不属于使用公开。

为公众所知的其他方式，主要指口头公开等。例如，口头交谈、报告、讨论会发言、广播、电视、电影等能够使公众得知技术内容的方式。口头交谈、报告、讨论会发言以其发生之日为公开日。公众可接收的广播、电视或电影的报道，以其播放日为公开日。

2. 新颖性

（1）新颖性的概念。根据《中华人民共和国专利法》第二十二条第二款对新颖性的规定，新颖性是指该发明或者实用新型不属于现有技术；也没有任何单位或者个人就同样的发明或者实用新型在申请日以前向专利局提出过申请，并记载在申请日以后（含申请日）公布的专利申请文件或者公告的专利文件中。

（2）抵触申请。根据《中华人民共和国专利法》第二十二条第二款的规定，在发明或者实用新型新颖性的判断中，由任何单位或者个人就同样的发明或者实用新型在申请日以前向专利局提出并且在申请日以后（含申请日）公布的专利申请文件或者公告的专利文件损害该申请日提出的专利申请的新颖性。为描述简便，在判断新颖性时，将这种损害新颖性的专利申请，称为抵触申请。

（3）判断新颖性的原则和基准。根据《专利审查指南》所述，发明或者实用新型专利申请是否具备新颖性，只有在其具备实用性后才予以考虑。判断新颖性时，应当根据以下原则进行判断：

1）同样的发明或者实用新型。被审查的发明或者实用新型专利申请与现有技术或者申请日前由任何单位或者个人向专利局提出申请并在申请日后（含申请日）公布或公告的（以下简称申请在先公布或公告在后的）发明或者实用新型的相关内容相比，如果其技术领域、所解决的技术问题、技术方案和预期效果实质上相同，则认为两者为同样的发明或者实用新型。需要注意的是，在进行新颖性判断时，审查员首先应当判断被审查专利申请的技术方案与对比文件的技术方案是否实质上相同，如果专利申请与对比文件公开的内容相比，其权利要求所限定的技术方案与对比文件公开的技术方案实质上相同，所属技术领域的技术人员根据两者的技术方案可以确定两者能够适用于相同的技术领域，解决相同的技术问题，并具有相同的预期效果，则认为两者为同样的发明或者实用新型。

2）单独对比。判断新颖性时，应当将发明或者实用新型专利申请的各项权利要求分别与每一项现有技术或申请在先公布或公告在后的发明或实用新型的相关技术内容单独地进行比较，不得将其与几项现有技术或者申请在先公布或公告在后的发明或者实用新型内容的组合或者与一份对比文件中的多项技术方案的组合进行对比。即，判断发明或者实用新型专利申请的新颖性适用单独对比的原则。

判断基准。判断发明或者实用新型有无新颖性，应当以《中华人民共和国专利法》第二十二条第二款为基准。为有助于掌握该基准，以下给出新颖性判断中几种常见的情形：

（i）相同内容的发明或者实用新型。如果要求保护的发明或者实用新型与对比文件所公开的技术内容完全相同，或者仅仅是简单的文字变换，则该发明或者实用新型不具备新颖性。

（ii）具体（下位）概念与一般（上位）概念。如果要求保护的发明或者实用新型与对比文件相比，其区别仅在于前者采用一般（上位）概念，而后者采用具体（下位）概念限定同类性质的技术特征，则具体（下位）概念的公开使采用一般（上位）概念限定的发明或者实用新型丧失新颖性。例如，对比文件公开某产品是"用铜制成的"，就使"用金属制成的"同一产品的发明或者实用新型丧失新颖性。但是，该铜制品的公开并不使铜之外的其他具体金属制成的同一产品的发明或者实用新型丧失新颖性。

反之，一般（上位）概念的公开并不影响采用具体（下位）概念限定的发明或者实用新型的新颖性。例如，对比文件公开的某产品是"用金属制成的"，并不能使"用铜制成的"同一产品的发明或者实用新型丧失新颖性。又如，要求保护的发明或者实用新型与对比文件的区别仅在于发明或者实用新型中选用了"氯"来代替对比文件中的"卤素"或者另一种具体的卤素"氟"，则对比文件中"卤素"的公开或者"氟"的公开并不导致用氯对其作限定的发明或者实用新型丧失新颖性。

（iii）惯用手段的直接置换。如果要求保护的发明或者实用新型与对比文件的区别仅仅是所属技术领域的惯用手段的直接置换，则该发明或者实用新型不具备新颖性。例如，对比文件公开了采用螺钉固定的装置，而要求保护的发明或者实用新型仅将该装置的螺钉固定方式改换为螺栓固定方式，则该发明或者实用新型不具备新颖性。

（iv）数值和数值范围。如果要求保护的发明或者实用新型中存在以数值或者连续变化的数值范围限定的技术特征，例如，部件的尺寸、温度、压力以及组合物的组分含量，而其余技术特征与对比文件相同，则其新颖性的判断应当依照以下各项规定：

第一，对比文件公开的数值或者数值范围落在上述限定的技术特征的数值范围内，将破坏要求保护的发明或者实用新型的新颖性。例如，专利申请的权利要求为一种铜基形状记忆合金，包含10%~35%（重量）的锌和2%~8%（重量）的铝，余量为铜。如果对比文件公开了包含20%（重量）的锌和5%（重量）的铝的铜基形状记忆合金，则上述对比文件破坏该权利要求的新颖性。

第二，对比文件公开的数值范围与上述限定的技术特征的数值范围部分重叠或者有一个共同的端点，将破坏要求保护的发明或者实用新型的新颖性。例如，专利申请的权利要求为一种氮化硅陶瓷的生产方法，其烧成时间为1~10小时。如果对比文件公开的氮化硅陶瓷的生产方法中的烧成时间为4~12小时，由于烧成时间在4~10小时的范围内重叠，则该对比文件破坏该权利要求的新颖性。

第三，对比文件公开的数值范围的两个端点将破坏上述限定的技术特征为离散数值并且具有该两端点中任一个的发明或者实用新型的新颖性，但不破坏上述限定的技术特征为该两端点之间任一数值的发明或者实用新型的新颖性。例如，专利申请的权利要求为一种二氧化钛光催化剂的制备方法，其干燥温度为40℃、58℃、75℃或者100℃。如果对比文件公开了干燥温度为40~100℃的二氧化钛光催化剂的制备方法，则该对比文件破坏干燥温度分别为40℃和100℃时权利要求的新颖性，但不破坏干燥温度分别为58℃和75℃时权利要求的新颖性。

第四，上述限定的技术特征的数值或者数值范围落在对比文件公开的数值范围内，并且与对比文件公开的数值范围没有共同的端点，则对比文件不破坏要求保护的发明或者实用新型的新颖性。例如，专利申请的权利要求为一种内燃机用活塞环，其活塞环的圆环直径为95毫米，如果对比文件公开了圆环直径为70~100毫米的内燃机用活塞环，则该对比文件不破坏该权利要求的新颖性。

（4）不丧失新颖性的宽限期。《中华人民共和国专利法》第二十四条规定，申请专利的发明创造在申请日以前六个月内，有下列情形之一的，不丧失新颖性：①在中国政府主办或者承认的国际展览会上首次展出的；②在规定的学术会议或者技术会议上首次发表的；③他人未经申请人同意而泄露其内容的。

申请专利的发明创造在申请日以前六个月内，发生《中华人民共和国专利法》第二十四条规定的三种情形之一的，该申请不丧失新颖性。即这三种情况不构成影响该申请的现有技术。所说的六个月期限，称为宽限期或者称为优惠期。

（5）对同样的发明创造的处理。《中华人民共和国专利法》第九条规定，同样的发明创造只能授予一项专利权。两个以上申请人分别就同样的发明创造申请专利的，专利权授予最先申请的人。上述条款规定了不能重复授予专利权的原则。禁止对同样的发明创造授予多项专利权，是为了防止权利之间存在冲突。

3. 创造性

（1）创造性的概念。根据《中华人民共和国专利法》第二十二条第三款对创造性的规定，创造性是指与现有技术相比，该发明具有突出的实质性特点和显著的进步，该实用新型具有实质性特点和进步。

根据《专利审查指南》所述，发明有突出的实质性特点，是指对所属技术领域的技术人员来说，发明相对于现有技术是非显而易见的。如果发明是所属技术领域的技术人员在现有技术的基础上仅通过合乎逻辑的分析、推理或者有限的试验可以得到的，则该发明是显而易见的，也就不具备突出的实质性特点。

发明有显著的进步，是指发明与现有技术相比能够产生有益的技术效果。例如，发明克服了现有技术中存在的缺点和不足，或者为解决某一技术问题提供了一种不同构思的技术方案，或者代表某种新的技术发展趋势。

发明是否具备创造性，应当基于所属技术领域的技术人员。所属技术领域的技术人员，也可称为本领域的技术人员，是指一种假设的"人"，假定他知晓申请日或者优先权日之前发明所属技术领域所有的普通技术知识，能够获知该领域中所有的现有技术，并且具有应用该日期之前常规实验手段的能力，但他不具有创造能力。

（2）判断创造性的原则和基准。一件发明专利申请是否具备创造性，只有在该发明具备新颖性的条件下才予以考虑。根据《中华人民共和国专利法》第二十二条第三款的规定，审查发明是否具备创造性，应当审查发明是否具有突出的实质性特点，同时还应当审查发明是否具有显著的进步。在评价发明是否具备创造性时，审查员不仅要考虑发明的技术方案本身，而且要考虑发明所属技术领域、所解决的技术问题和所产生的技术效果，将发明作为一个整体看待。审查创造性时，将一份或者多份现有技术中不同的技术内容组合在一起对要求保护的发明进行评价。如果一项独立权利要求具备创造性，则不再审查该独立权利要求的从属权利要求的创造性。

判断发明是否具有突出的实质性特点，就是要判断对本领域的技术人员来说，要求保护的发明相对于现有技术是否显而易见。如果要求保护的发明相对于现有技术是显而易见的，则不具有突出的实质性特点；反之，如果对比的结果表明要求保护的发明相对于现有技术是非显而易见的，则具有突出的实质性特点。

在评价发明是否具有显著的进步时，主要应当考虑发明是否具有有益的技术效果。以下情况通常应当认为发明具有有益的技术效果，具有显著的进步：①发明与现有技术相比具有更好的技术效果，例如，质量改善、产量提高、节约能源、防治环境污染等；②发明提供了一种技术构思不同的技术方案，其技术效果能够基本上达到现有技术的水平；③发明代表某种新技术的发展趋势；④尽管发明在某些方面有负面效果，但在其他方面具有明显积极的技术效果。

4.实用性

（1）实用性的概念。根据《中华人民共和国专利法》第二十二条第四款对实用性的规定，实用性是指发明或者实用新型申请的主题必须能够在产业上制造或者使用，并且能够产生积极效果。根据《专利审查指南》所述，授予专利权的发明或者实用新型，必须是能够解决技术问题，并且能够应用的发明或者实用新型。换句话说，如果申请的是一种产品（包括发明和实用新型），那么该产品必须能够在产业中制造，并且能够解决技术问题；如果申请的是一种方法（仅限发明），那么这种方法必须在产业中能够使用，并且能够解决技术问题。只有满足上述条件的产品或者方法专利申请才可能被授予专利权。

所谓产业，包括工业、农业、林业、水产业、畜牧业、交通运输业以及文化体育、生活用品和医疗器械等行业。在产业上能够制造或者使用的技术方案，是指符合自然规律、具有技术特征的任何可实施的技术方案。这些方案并不一定意味着使用机器设备，或者制造一种物品，还可以包括例如驱雾的方法，或者将能量由一种形式转换成另一种形式的方法。能够产生积极效果，是指发明或者实用新型专利申请在提出申请之日，其产生的经济、技术和社会的效果是所属技术领域的技术人员可以预料到的。这些效果应当是积极的和有益的。

（2）判断实用性的原则和基准。发明或者实用新型专利申请是否具备实用性，应当在新颖性和创造性审查之前首先进行判断。

判断发明或者实用新型专利申请的实用性时，应当遵循下列原则：①以申请日提交的说明书（包括附图）和权利要求书所公开的整体技术内容为依据，而不仅仅局限于权利要求所记载的内容；②实用性与所申请的发明或者实用新型是怎样创造出来的或者是否已经实施无关。

《中华人民共和国专利法》第二十二条第四款所说的"能够制造或者使

用"是指发明或者实用新型的技术方案具有在产业中被制造或使用的可能性。满足实用性要求的技术方案不能违背自然规律并且应当具有再现性。因不能制造或者使用而不具备实用性是由技术方案本身固有的缺陷引起的，与说明书公开的程度无关。

（三）外观设计专利申请的授权条件

1. 相关概念

根据《中华人民共和国专利法》第二十三条的规定，授予专利权的外观设计，应当不属于现有设计；也没有任何单位或者个人就同样的外观设计在申请日以前向国务院专利行政部门提出过申请，并记载在申请日以后公告的专利文件中。授予专利权的外观设计与现有设计或者现有设计特征的组合相比，应当具有明显区别。授予专利权的外观设计不得与他人在申请日以前已经取得的合法权利相冲突。本法所称现有设计，是指申请日以前在国内外为公众所知的设计。

2. 相似外观申请

根据《中华人民共和国专利法》第三十一条第二款的规定，一件外观设计专利申请应当限于一项外观设计。同一产品两项以上的相似外观设计，或者属于同一类别并且成套出售或者使用的产品的两项以上的外观设计，可以作为一件申请提出。

根据《中华人民共和国专利法》第三十一条第二款的规定，一个申请中的各项外观设计应当为同一产品的外观设计，例如，均为餐用盘的外观设计，如果各项外观设计分别为餐用盘、碟、杯、碗的外观设计，虽然各产品同属于国际外观设计分类表中的同一大类，但并不属于同一产品。

成套产品是指由两件以上（含两件）属于同一大类、各自独立的产品组成，各产品的设计构思相同，其中每一件产品具有独立的使用价值，而各件产品组合在一起又能体现出其组合使用价值的产品，例如，由咖啡杯、咖啡壶、牛奶壶和糖罐组成的咖啡器具。

成套出售或者使用，指习惯上同时出售或者同时使用并具有组合使用价值。包括：①同时出售，是指外观设计产品习惯上同时出售，例如由床罩、床单和枕套等组成的多套件床上用品。为促销而随意搭配出售的产品，例如书包和铅笔盒，虽然在销售书包时赠送铅笔盒，但是这不应认为是习惯上同时出售，不能作为成套产品提出申请。②同时使用，是指产品习惯上同时使用，也就是说，使用其中一件产品时，会产生使用联想，从而想到另一件或另几件产品的存在，而不是指在同一时刻同时使用这几件产品。例如，咖啡器具中的咖啡杯、咖啡壶、糖罐、牛奶壶等。

四、对专利申请文件要求

（一）发明和实用新型专利申请文件种类

根据《中华人民共和国专利法》第二十六条的规定，申请发明或者实用新型专利的，应当提交请求书、说明书及其摘要和权利要求书等文件。

请求书应当写明发明或者实用新型的名称，发明人的姓名，申请人姓名或者名称、地址以及其他事项。

说明书应当对发明或者实用新型做出清楚、完整的说明，以所属技术领域的技术人员能够实现为准；必要的时候，应当有附图。摘要应当简要说明发明或者实用新型的技术要点。

权利要求书应当以说明书为依据，清楚、简要地限定要求专利保护的范围。

依赖遗传资源完成的发明创造，申请人应当在专利申请文件中说明该遗传资源的直接来源和原始来源；申请人无法说明原始来源的，应当陈述理由。

（二）外观设计专利申请文件种类

根据《中华人民共和国专利法》第二十七条规定，申请外观设计专利的，应当提交请求书、该外观设计的图片或者照片以及对该外观设计的简要说明等文件。申请人提交的有关图片或者照片应当清楚地显示要求专利保护的产品的外观设计。

根据《中华人民共和国专利法》第五十九条第二款规定，外观设计专利权的保护范围以表示在图片或者照片中的该产品的外观设计为准，简要说明可以用于解释图片或者照片所表示的该产品的外观设计。

根据《专利法实施细则》第二十八条的规定，简要说明应当包括下列内容：

（1）外观设计产品的名称。简要说明中的产品名称应当与请求书中的产品名称一致。

（2）外观设计产品的用途。简要说明中应当写明有助于确定产品类别的用途。对于具有多种用途的产品，简要说明应当写明所述产品的多种用途。

（3）外观设计的设计要点。设计要点是指与现有设计相区别的产品的形状、图案及其结合，或者色彩与形状、图案的结合，或者部位。对设计要点的描述应当简明扼要。

（4）指定一幅最能表明设计要点的图片或者照片。指定的图片或者照片用于出版专利公报。

五、申请获得专利权的程序及手续

（一）申请日

国务院专利行政部门收到专利申请文件之日为申请日。如果申请文件是邮寄的，以寄出的邮戳日为申请日。

（二）优先权

根据《中华人民共和国专利法》第二十九条规定，申请人自发明或者实用新型在外国第一次提出专利申请之日起十二个月内，或者自外观设计在外国第一次提出专利申请之日起六个月内，又在中国就相同主题提出专利申请的，依照该外国同中国签订的协议或者共同参加的国际条约，或者依照相互承认优先权的原则，可以享有优先权。

申请人自发明或者实用新型在中国第一次提出专利申请之日起十二个月内，又向国务院专利行政部门就相同主题提出专利申请的，可以享有优先权。

根据《中华人民共和国专利法》第三十条规定，申请人要求优先权的，应当在申请的时候提出书面声明，并且在三个月内提交第一次提出的专利申请文件的副本；未提出书面声明或者逾期未提交专利申请文件副本的，视为未要求优先权。

（三）申请号

专利申请号用 12 位阿拉伯数字表示，包括申请年号、申请种类号和申请流水号三个部分。按照由左向右的次序，专利申请号中的第 1~4 位数字表示受理专利申请的年号，第 5 位数字表示专利申请的种类，第 6~12 位数字（共 7 位）为申请流水号，表示受理专利申请的相对顺序。

（四）期限

1. 期限的种类

根据《专利审查指南》所述，期限的种类分为法定期限和指定期限。法定期限是指专利法及其实施细则规定的各种期限。例如，发明专利申请的实质审查请求期限（《中华人民共和国专利法》第三十五条第一款的规定）、申请人办理登记手续的期限（《中华人民共和国专利法实施细则》第五十四条第一款的规定）。

指定期限是指审查员在根据《中华人民共和国专利法》及其实施细则作出的各种通知中，规定申请人（或专利权人）、其他当事人作出答复或者进行某种行为的期限。指定期限一般为两个月。发明专利申请的实质审查程序中，申请人答复第一次审查意见通知书的期限为四个月。对于较为简单的行为，也可以给予一个月或更短的期限。上述指定期限自推定当事人收到通知之日起计算。

2. 期限的计算

起算日：大部分法定期限是自申请日、优先权日、授权公告日等固定日期起计算的。

全部指定期限和部分法定期限自通知和决定的推定收到日起计算。

届满日：期限起算日加上法定或者指定的期限即为期限的届满日。相应的行为应当在期限届满日之前，最迟在届满日当天完成。

期限的第一日（起算日）不计算在期限内。期限以年或者月计算的，以其最后一月的相应日（与起算日相对应的日期）为期限届满日；该月无相应日的，以该月最后一日为期限届满日。期限届满日是法定休假日或者移用周休息日的，以法定休假日或者移用周休息日后的第一个工作日为期限届满日，该第一个工作日为周休息日的，期限届满日顺延至周一。

3. 期限的延长

当事人因正当理由不能在期限内进行或者完成某一行为或者程序时，可以请求延长期限。可以请求延长的期限仅限于指定期限，但在无效宣告程序中，专利复审委员会指定的期限不得延长。请求延长期限的，应当在期限届满前提交延长期限请求书，说明理由，并缴纳延长期限请求费。

延长期限不足一个月的，以一个月计算。延长期限不得超过两个月。对同一通知或者决定中指定的期限一般只允许延长一次。

4. 延误期限的处分

因耽误期限作出的处分决定主要包括：视为撤回专利申请权、视为放弃取得专利权的权利、专利权终止、不予受理、视为未提出请求和视为未要求优先权等。

根据《专利法实施细则》第六条规定，当事人因不可抗拒的事由而延误专利法或者本细则规定的期限或者国务院专利行政部门指定的期限，导致其权利丧失的，自障碍消除之日起两个月内，最迟自期限届满之日起两年内，可以向国务院专利行政部门请求恢复权利。

除前述规定的情形外，当事人因其他正当理由延误专利法或者本细则规定的期限或者国务院专利行政部门指定的期限，导致其权利丧失的，可以自收到国务院专利行政部门的通知之日起两个月内向国务院专利行政部门请求恢复权利。

当事人请求恢复权利的，应当提交恢复权利请求书，说明理由，必要时附具有关证明文件，并办理权利丧失前应当办理的相应手续；依照本条第二款的规定请求恢复权利的，还应当缴纳恢复权利请求费。

当事人请求延长国务院专利行政部门指定期限的，应当在期限届满前，向国务院专利行政部门说明理由并办理有关手续。

六、专利申请的复审和专利权的无效宣告

（一）专利复审制度的意义

专利复审程序是专利申请被驳回时给予申请人的一条救济途径。根据《中华人民共和国专利法》第四十一条的规定，专利复审委员会对复审请求进行受理和审查，并作出决定。复审请求案件包括对初步审查和实质审查程序中驳回专利申请的决定不服而请求专利复审的案件。只有专利申请人才有权启动专利复审程序，而且必须在接到驳回通知三个月内向国家知识产权局专利复审委员会提出。

（二）专利权无效宣告请求的意义

专利权无效宣告是指自国家知识产权局公告授予专利权之日起，任何单

位或个人认为该专利权的授予不符合《中华人民共和国专利法》规定的，可以请求专利复审委员会宣告该专利权无效的制度。我国专利权无效宣告制度的设置，是为了纠正国家知识产权局对不符合专利法规定条件的发明创造授予专利权的错误决定，维护专利权授予的公正性。

七、专利权的实施与保护

（一）专利权人的权利

（1）禁止他人未经许可实施专利的权利。根据《中华人民共和国专利法》第十一条规定，发明和实用新型专利权被授予后，除本法另有规定的以外，任何单位或者个人未经专利权人许可，都不得实施其专利，即不得为生产经营目的制造、使用、许诺销售、销售、进口其专利产品，或者使用其专利方法以及使用、许诺销售、销售、进口依照该专利方法直接获得的产品。

（2）转让专利权的权利。根据《中华人民共和国专利法》第十条规定，专利申请权和专利权可以转让。中国单位或者个人向外国人、外国企业或者外国其他组织转让专利申请权或者专利权的，应当依照有关法律、行政法规的规定办理手续。转让专利申请权或者专利权的，当事人应当订立书面合同，并向国务院专利行政部门登记，由国务院专利行政部门予以公告。专利申请权或者专利权的转让自登记之日起生效。外观设计专利权被授予后，任何单位或者个人未经专利权人许可，都不得实施其专利，即不得为生产经营目的制造、许诺销售、销售、进口其外观设计专利产品。

（3）许可他人实施专利的权利。根据《中华人民共和国专利法》第十二条规定，任何单位或者个人实施他人专利的，应当与专利权人订立实施许可合同，向专利权人支付专利使用费。被许可人无权允许合同规定以外的任何单位或者个人实施该专利。

专利许可的种类：按照许可范围及实施权大小，可以分为：独占许可合同、排他许可合同、普通许可合同等形式，此外还有交叉许可和分许可。

独占许可，是指许可方规定被许可方在一定条件下独占实施其专利的权利，这种许可的特点是许可人本人也不能使用这项专利，同时也不能向任何第三方授予同样内容的许可。

排他许可，是指许可人不在该地域内再与任何第三方签订同样内容的许可合同，但许可人本身仍有权在该地域内使用该项专利，这种许可也称独家许可。

普通许可，也称非独占性许可，是最常见的专利许可方式，即许可人在允许被许可人使用其专利的同时，本人仍保留着该地域内使用其专利的权利，同时也可以将使用权再授予被许可人以外的第三人。

交叉许可，也称互惠许可或相互许可，是指当事人双方相互允许对方使用各自的专利。

分许可也称再许可、从属许可，指原专利许可合同的被许可人经许可人的同意在一定的条件下将专利权或者其中一部分权利再授权给第三方在一定条件下使用。未经许可人同意，被许可人无权与任何第三方签订分许可合同。

（4）放弃专利权的权利。根据《中华人民共和国专利法》第四十四条的规定，有下列情形之一的，专利权在期限届满前终止：①没有按照规定缴纳年费的；②专利权人以书面声明放弃其专利权的。专利权在期限届满前终止的，由国务院专利行政部门登记和公告。

（5）标明专利标识的权利。根据《中华人民共和国专利法》第十七条规定，专利权人有权在其专利产品或者该产品的包装上标明专利标识。

（二）专利权的期限

发明专利权的期限为20年，实用新型专利权和外观设计专利权的期限为10年，均自申请日起计算。专利权期限届满后，专利权终止。专利一旦失效，即不再受保护，该发明便进入公有领域，也就是说，权利人不再对该发明享有专有权，该发明可由他人进行商业性利用。专利权期限届满前，专利权人可以书面声明放弃专利权。

（三）专利实施的推广应用和强制许可

1.推广应用

根据《中华人民共和国专利法》第十四条规定，国有企业事业单位的发明专利，对国家利益或者公共利益具有重大意义的，国务院有关主管部门和省、自治区、直辖市人民政府报经国务院批准，可以决定在批准的范围内推广应用，允许指定的单位实施，由实施单位按照国家规定向专利权人支付使用费。

2.强制许可

根据《中华人民共和国专利法》第四十八条规定，有下列情形之一的，国务院专利行政部门根据具备实施条件的单位或者个人的申请，可以给予实施发明专利或者实用新型专利的强制许可：

（1）专利权人自专利权被授予之日起满三年，且自提出专利申请之日起满四年，无正当理由未实施或者未充分实施其专利的。

（2）专利权人行使专利权的行为被依法认定为垄断行为，为消除或者减少该行为对竞争产生的不利影响的。

根据《中华人民共和国专利法》第四十九条规定，在国家出现紧急状态或者非常情况时，或者为了公共利益的目的，国务院专利行政部门可以给予实施发明专利或者实用新型专利的强制许可。

根据《中华人民共和国专利法》第五十条规定，为了公共健康，对取得专利权的药品，国务院专利行政部门可以给予制造并将其出口到符合中华人民共和国参加的有关国际条约规定的国家或者地区的强制许可。

根据《中华人民共和国专利法》第五十一条规定，一项取得专利权的发明或者实用新型比之前已经取得专利权的发明或者实用新型具有显著经济意义的重大技术进步，其实施又有赖于前一发明或者实用新型的实施的，国务院专利行政部门根据后一专利权人的申请，可以给予实施前一发明或者实用新型的强制许可。

在依照前款规定给予实施强制许可的情形下，国务院专利行政部门根据前一专利权人的申请，也可以给予实施后一发明或者实用新型的强制许可。

根据《中华人民共和国专利法》第五十五条规定，国务院专利行政部门作出的给予实施强制许可的决定，应当及时通知专利权人，并予以登记和公告。

给予实施强制许可的决定，应当根据强制许可的理由规定实施的范围和时间。强制许可的理由消除并不再发生时，国务院专利行政部门应当根据专利权人的请求，经审查后作出终止实施强制许可的决定。

根据《中华人民共和国专利法》第五十六条规定，取得实施强制许可的单位或者个人不享有独占的实施权，并且无权允许他人实施。

根据《中华人民共和国专利法》第五十七条规定，取得实施强制许可的单位或者个人应当付给专利权人合理的使用费，或者依照中华人民共和国参加的有关国际条约的规定处理使用费问题。付给使用费的，其数额由双方协商；双方不能达成协议的，由国务院专利行政部门裁决。

（四）专利侵权行为与救济方法

1.专利侵权行为与救济方法

根据《中华人民共和国专利法》第六十条规定，未经专利权人许可，实施其专利，即侵犯其专利权，引起纠纷的，由当事人协商解决；不愿协商或者协商不成的，专利权人或者利害关系人可以向人民法院起诉，也可以请求管理专利工作的部门处理。管理专利工作的部门处理时，认定侵权行为成立的，可以责令侵权人立即停止侵权行为，当事人不服的，可以自收到处理通知之日起十五日内依照《中华人民共和国行政诉讼法》向人民法院起诉；侵权人期满不起诉又不停止侵权行为的，管理专利工作的部门可以申请人民法院强制执行。进行处理的管理专利工作的部门应当事人的请求，可以就侵犯专利权的赔偿数额进行调解；调解不成的，当事人可以依照《中华人民共和国民事诉讼法》向人民法院起诉。

专利侵权行为的主要类型：①未经许可制造专利产品的行为；②故意使用发明或实用新型专利产品的行为；③销售、许诺销售未经许可的专利产品的行为；④使用专利方法以及使用、销售、许诺销售依照专利方法直接获得的产品的行为；⑤进口专利产品或进口依照专利方法直接获得产品的行为。

根据《中华人民共和国专利法》第六十五条规定，侵犯专利权的赔偿数额按照权利人因被侵权所受到的实际损失确定；实际损失难以确定的，可以按照侵权人因侵权所获得的利益确定。权利人的损失或者侵权人获得的利益难以确定的，参照该专利许可使用费的倍数合理确定。赔偿数额还应当包括权利人为制止侵权行为所支付的合理开支。权利人的损失、侵权人获得的利益和专利许可使用费均难以确定的，人民法院可以根据专利权的类型、侵权行为的性质和情节等因素，确定给予一万元以上一百万元以下的赔偿。

根据《中华人民共和国专利法》第七十条规定，为生产经营目的、许诺销售或者销售不知道是未经专利权人许可而制造并售出的专利侵权产品，能证明该产品合法来源的，不承担赔偿责任。

根据《中华人民共和国专利法》第六十六条规定，专利权人或者利害关系人有证据证明他人正在实施或者即将实施侵犯专利权的行为，如不及时制止将会使其合法权益受到难以弥补的损害的，可以在起诉前向人民法院申请采取责令停止有关行为的措施。

2. 不视为专利侵权的行为

根据《中华人民共和国专利法》第六十九条规定，有下列情形之一的，不视为侵犯专利权：

（1）专利产品或者依照专利方法直接获得的产品，由专利权人或者经其许可的单位、个人售出后，使用、许诺销售、销售、进口该产品的。

（2）在专利申请日前已经制造相同产品、使用相同方法或者已经做好制造、使用的必要准备，并且仅在原有范围内继续制造、使用的。

（3）临时通过中国领陆、领水、领空的外国运输工具，依照其所属国同中国签订的协议或者共同参加的国际条约，或者依照互惠原则，为运输工具自身需要而在其装置和设备中使用有关专利的。

（4）专为科学研究和实验而使用有关专利的。

（5）为提供行政审批所需要的信息，制造、使用、进口专利药品或者专利医疗器械的，以及专门为其制造、进口专利药品或者专利医疗器械的。

（五）假冒专利行为

根据《专利法实施细则》第八十四条规定，下列行为属于《中华人民共和国专利法》第六十三条规定的假冒专利行为：

（1）在未被授予专利权的产品或者其包装上标注专利标识，专利权被宣告无效后或者终止后继续在产品或者其包装上标注专利标识，或者未经许可在产品或者产品包装上标注他人的专利号。

（2）销售第（1）项所述产品。

（3）在产品说明书等材料中将未被授予专利权的技术或者设计称为专利技术或者专利设计，将专利申请称为专利，或者未经许可使用他人的专利号，使公众将所涉及的技术或者设计误认为是专利技术或者专利设计。

（4）伪造或者变造专利证书、专利文件或者专利申请文件。

（5）其他使公众混淆，将未被授予专利权的技术或者设计误认为是专利技术或者专利设计的行为。

专利权终止前依法在专利产品、依照专利方法直接获得的产品或者其包装上标注专利标识，在专利权终止后许诺销售、销售该产品的，不属于假冒专利行为。

销售不知道是假冒专利的产品，并且能够证明该产品合法来源的，由管理专利工作的部门责令停止销售，但免除罚款的处罚。

根据《中华人民共和国专利法》第六十三条规定，假冒专利的，除依法承担民事责任外，由管理专利工作的部门责令改正并予公告，没收违法所得，可以并处违法所得四倍以下的罚款；没有违法所得的，可以处二十万元以下的罚款；构成犯罪的，依法追究刑事责任。

根据《中华人民共和国专利法》第六十四条规定，管理专利工作的部门根据已经取得的证据，对涉嫌假冒专利行为进行查处时，可以询问有关当事人，调查与涉嫌违法行为有关的情况；对当事人涉嫌违法行为的场所实施现场检查；查阅、复制与涉嫌违法行为有关的合同、发票、账簿以及其他有关资料；检查与涉嫌违法行为有关的产品，对有证据证明是假冒专利的产品，可以查封或者扣押。

第三节

商标法律知识

- - - - - - - - - - - - - - - - - - - -

一、注册商标专用权的客体

（一）注册商标的概念和组成要素

根据《中华人民共和国商标法》第三条规定，经商标局核准注册的商标为注册商标，包括商品商标、服务商标和集体商标、证明商标；商标注册人享有商标专用权，受法律保护。

根据《中华人民共和国商标法》第八条规定，任何能够将自然人、法人或者其他组织的商品与他人的商品区别开的标志，包括文字、图形、字母、数字、三维标志、颜色组合和声音等，以及上述要素的组合，均可以作为商标申请注册。

（二）不得作为商标使用的标志和不得作为商标注册的标志

1.根据《中华人民共和国商标法》第十条规定，下列标志不得作为商标使用

（1）同中华人民共和国的国家名称、国旗、国徽、国歌、军旗、军徽、军歌、勋章等相同或者近似的，以及同中央国家机关的名称、标志、所在地特定地点的名称或者标志性建筑物的名称、图形相同的。

（2）同外国的国家名称、国旗、国徽、军旗等相同或者近似的，但经该国政府同意的除外。

（3）同政府间国际组织的名称、旗帜、徽记等相同或者近似的，但经该组织同意或者不易误导公众的除外。

（4）与表明实施控制、予以保证的官方标志、检验印记相同或者近似的，但经授权的除外。

（5）同"红十字"、"红新月"的名称、标志相同或者近似的。

（6）带有民族歧视性的。

（7）带有欺骗性，容易使公众对商品的质量等特点或者产地产生误认的。

（8）有害于社会主义道德风尚或者有其他不良影响的。

县级以上行政区划的地名或者公众知晓的外国地名，不得作为商标。但是，地名具有其他含义或者作为集体商标、证明商标组成部分的除外；已经注册的使用地名的商标继续有效。

2.根据《中华人民共和国商标法》第十一条规定，下列标志不得作为商标注册

（1）仅有本商品的通用名称、图形、型号的。

（2）仅直接表示商品的质量、主要原料、功能、用途、重量、数量及其他特点的。

（3）其他缺乏显著特征的。

但是，如果前述所列标志经过使用取得显著特征并便于识别的，可以作为商标注册。

根据《中华人民共和国商标法》第十二条规定，以三维标志申请注册商标的，仅由商品自身的性质产生的形状、为获得技术效果而需有的商品形状或者使商品具有实质性价值的形状，不得注册。

根据《中华人民共和国商标法》第十六条规定，商标中有商品的地理标志，而该商品并非来源于该标志所标示的地区，误导公众的，不予注册并禁止使用；但是，已经善意取得注册的继续有效。

（三）注册商标的类型

（1）商品商标，是指商品的生产者或经营者为了将自己生产或经营的商品与他人生产或经营的商品区别开来，而使用的文字、图形或其组合标志。

（2）服务商标，是指提供服务的经营者为将自己提供的服务与他人提供的服务相区别而使用的标志。

（3）集体商标，是指以团体、协会或者其他组织名义注册，供该组织成员在商事活动中使用，以表明使用者在该组织中的成员资格的标志。

（4）证明商标，是指由对某种商品或者服务具有监督能力的组织所控制，而由该组织以外的单位或者个人使用于其商品或者服务，用以证明该商品或者服务的原产地、原料、制造方法、质量或者其他特定品质的标志。

（四）商标注册的条件

根据《中华人民共和国商标法》第八条规定，任何能够将自然人、法人或者其他组织的商品与他人的商品区别开的标志，包括文字、图形、字母、数字、三维标志、颜色组合和声音等，以及上述要素的组合，均可以作为商标申请注册。

根据《中华人民共和国商标法》第九条规定，申请注册的商标，应当有显著特征，便于识别，并不得与他人在先取得的合法权利相冲突。

二、注册商标专用权的主体

商标权的主体是指依法享有商标权的自然人、法人或者其他组织。在我国，只有依照法定程序注册商标才能取得商标权。所以，商标权人也称为注册商标所有人。根据《中华人民共和国商标法》第四条规定，从事生产、制造、加工、拣选或经销的，或者提供服务项目的自然人、法人及其他组织可以申请商标注册，从而成为商标权的主体。

根据《中华人民共和国商标法》第十七条、第十八条规定，外国人或者外国企业在中国申请商标注册的，应当按照其所属国和中华人民共和国签订的协议或者共同参加的国际条约办理，或者按对等原则办理，并应委托依法设立的商标代理机构办理。

三、注册商标专用权的取得

（一）商标注册的申请

（1）根据《中华人民共和国商标法》第四条规定，自然人、法人或者其他组织在生产经营活动中，对其商品或者服务需要取得商标专用权的，应当向商标局申请商标注册。

（2）根据《中华人民共和国商标法》第二十二条规定，商标注册申请人应当按规定的商品分类表填报使用商标的商品类别和商品名称，提出注册申请。

商标注册申请人可以通过一份申请就多个类别的商品申请注册同一商标。

商标注册申请等有关文件，可以以书面方式或者数据电文方式提出。

（3）根据《中华人民共和国商标法》第二十三条规定，注册商标需要在核定使用范围之外的商品上取得商标专用权的，应当另行提出注册申请。

（4）根据《中华人民共和国商标法》第二十四条规定，注册商标需要改变其标志的，应当重新提出注册申请。

（5）根据《中华人民共和国商标法》第二十五条规定，商标注册申请人自其商标在外国第一次提出商标注册申请之日起六个月内，又在中国就相同商品以同一商标提出商标注册申请的，依照该外国同中国签订的协议或者共同参加的国际条约，或者按照相互承认优先权的原则，可以享有优先权。

依照前述规定要求优先权的，应当在提出商标注册申请的时候提出书面声明，并且在三个月内提交第一次提出的商标注册申请文件的副本；未提出书面声明或者逾期未提交商标注册申请文件副本的，视为未要求优先权。

（6）根据《中华人民共和国商标法》第二十六条规定，商标在中国政府主办的或者承认的国际展览会展出的商品上首次使用的，自该商品展出之日起六个月内，该商标的注册申请人可以享有优先权。

依照前述规定要求优先权的，应当在提出商标注册申请的时候提出书面声明，并且在三个月内提交展出其商品的展览会名称、在展出商品上使用该商标的证据、展出日期等证明文件；未提出书面声明或者逾期未提交证明文件的，视为未要求优先权。

（二）商标注册的审查和核准

（1）根据《中华人民共和国商标法》第二十八条规定，对申请注册的商标，商标局应当自收到商标注册申请文件之日起九个月内审查完毕，符合本法有关规定的，予以初步审定公告。

根据《中华人民共和国商标法》第三十条规定，申请注册的商标，凡不符合本法有关规定或者同他人在同一种商品或者类似商品上已经注册的或者初步审定的商标相同或者近似的，由商标局驳回申请，不予公告。

（2）根据《中华人民共和国商标法》第三十一条规定，两个或者两个以上的商标注册申请人，在同一种商品或者类似商品上，以相同或者近似的商标申请注册的，初步审定并公告申请在先的商标；同一天申请的，初步审定并公告使用在先的商标，驳回其他人的申请，不予公告。

（3）根据《中华人民共和国商标法》第三十二条规定，申请商标注册不得损害他人现有的在先权利，也不得以不正当手段抢先注册他人已经使用并有一定影响的商标。

（4）根据《中华人民共和国商标法》第三十三条规定，对初步审定公告的商标，自公告之日起三个月内，在先权利人、利害关系人认为违反本法第十三条第二款和第三款、第十五条、第十六条第一款、第三十条、第三十一条、第三十二条规定的，或者任何人认为违反本法第十条、第十一条、第十二条规定的，可以向商标局提出异议。公告期满无异议的，予以核准注册，发给商标注册证，并予公告。

（5）根据《中华人民共和国商标法》第三十四条规定，对驳回申请、不予公告的商标，商标局应当书面通知商标注册申请人。商标注册申请人不服的，可以自收到通知之日起十五日内向商标评审委员会申请复审。商标评审委员会应当自收到申请之日起九个月内做出决定，并书面通知申请人。有特殊情况需要延长的，经国务院工商行政管理部门批准，可以延长三个月。当事人对商标评审委员会的决定不服的，可以自收到通知之日起三十日内向人民法院起诉。

（6）根据《中华人民共和国商标法》第三十五条规定，对初步审定公告的商标提出异议的，商标局应当听取异议人和被异议人陈述事实和理由，经调查核实后，自公告期满之日起十二个月内做出是否准予注册的决定，并书面通知异议人和被异议人。有特殊情况需要延长的，经国务院工商行政管理部门批准，可以延长六个月。

商标局做出准予注册决定的，发给商标注册证，并予公告。异议人不服的，可以依照本法第四十四条、第四十五条的规定向商标评审委员会请求宣告该注册商标无效。

商标局做出不予注册决定，被异议人不服的，可以自收到通知之日起十五日内向商标评审委员会申请复审。商标评审委员会应当自收到申请之日起十二个月内做出复审决定，并书面通知异议人和被异议人。有特殊情况需要延长的，经国务院工商行政管理部门批准，可以延长六个月。被异议人对商标评审委员会的决定不服的，可以自收到通知之日起三十日内向人民法院起诉。人民法院应当通知异议人作为第三人参加诉讼。

商标评审委员会在依照前述规定进行复审的过程中，所涉及的在先权利的确定必须以人民法院正在审理或者行政机关正在处理的另一案件的结果为依据的，可以中止审查。中止原因消除后，应当恢复审查程序。

四、注册商标专用权的内容

（一）注册商标专用权的内容

商标注册人的权利主要是指对注册商标所享有的专用权。我国《商标法》规定：经商标局核准注册的商标为注册商标，商标注册人对该注册商标享有商标专用权，受法律保护。商标专用权应当包括：

（1）使用权：商标注册人有权在其注册商标核准使用的商品和服务上使

用该商标，在相关的商业活动中使用该商标。

（2）独占权：商标注册人对其注册商标享有排他性的独占权利，其他任何人不得在相同或类似商品或服务上擅自使用与注册商标相同或近似的商标。

（3）许可使用权：商标注册人有权依照法律规定，通过签订商标使用许可合同的形式，许可他人使用其注册商标。

（4）禁止权：对他人在相同或者类似的商品或者服务上擅自使用与其注册商标相同或者近似的商标的行为，商标注册人有权予以制止。

（5）设立抵押权：商标注册人有权在经营活动中以其注册商标设立抵押。

（6）投资权：商标注册人有权根据法律规定，依照法定程序将其注册商标作为无形资产进行投资。

（7）转让权：商标注册人有权通过法定程序将其注册商标有偿或者无偿转让给他人。

（8）继承权：商标作为无形财产，可以依照财产继承顺序由其合法继承人继承。

（二）注册商标有效期和期限起算日

根据《中华人民共和国商标法》第三十九条规定，注册商标的有效期为十年，自核准注册之日起计算。根据《商标法实施细则》第十八条规定，商标注册的申请日期以商标局收到申请文件的日期为准。

（三）注册商标续展、转让和使用许可

（1）注册商标的续展：根据《中华人民共和国商标法》第四十条规定，注册商标有效期满，需要继续使用的，商标注册人应当在期满前十二个月内按照规定办理续展手续；在此期间未能办理的，可以给予六个月的宽展期。每次续展注册的有效期为十年，自该商标上一届有效期满次日起计算。期

满未办理续展手续的，注销其注册商标。商标局应当对续展注册的商标予以公告。

（2）注册商标的转让：根据《中华人民共和国商标法》第四十二条规定，转让注册商标的，转让人和受让人应当签订转让协议，并共同向商标局提出申请。受让人应当保证使用该注册商标的商品质量。转让注册商标的，商标注册人对其在同一种商品上注册的近似的商标，或者在类似商品上注册的相同或者近似的商标，应当一并转让。对容易导致混淆或者有其他不良影响的转让，商标局不予核准，书面通知申请人并说明理由。转让注册商标经核准后，予以公告。受让人自公告之日起享有商标专用权。

根据《中华人民共和国商标法》第四十一条规定，注册商标需要变更注册人的名义、地址或者其他注册事项的，应当提出变更申请。

（3）注册商标的使用许可：根据《中华人民共和国商标法》第四十三条规定，商标注册人可以通过签订商标使用许可合同，许可他人使用其注册商标。许可人应当监督被许可人使用其注册商标的商品质量。被许可人应当保证使用该注册商标的商品质量。经许可使用他人注册商标的，必须在使用该注册商标的商品上标明被许可人的名称和商品产地。许可他人使用其注册商标的，许可人应当将其商标使用许可报商标局备案，由商标局公告。商标使用许可未经备案不得对抗善意第三人。

五、注册商标专用权的消灭

（一）注册商标的注销

根据《中华人民共和国商标法》及其实施条例的规定，注册商标的注销主要可分为以下三种情形：

1.因注册商标有效期满未提出续展申请的

注册商标有效期满后，需要继续使用的，应当在期满前十二个月内办理续展注册手续；在此期间未能办理的，可以再给予六个月的宽展期。宽展期满未办理续展手续的，则由商标局注销其注册商标。

2.因商标注册人主动申请的

商标注册人申请注销其注册商标或者注销其商标在部分指定商品上的注册的，应当向商标局提交商标注销申请书，并交回原《商标注册证》。

商标注册人申请注销其注册商标或者注销其商标在部分指定商品上的注册的，该注册商标专用权或者该注册商标专用权在该部分指定商品上的效力自商标局收到其注销申请之日起终止。

3.因商标注册人死亡或终止的

商标注册人死亡或者终止，自死亡或者终止之日起一年期满，该注册商标没有办理移转手续的，任何人可以向商标局申请注销该注册商标。提出注销申请的，应当提交有关该商标注册人死亡或者终止的证据。

注册商标因商标注册人死亡或者终止而被注销的，该注册商标专用权自商标注册人死亡或者终止之日起终止。

注册商标被注销的，原《商标注册证》作废；商标注册人申请注销其商标在部分指定商品上的注册的，由商标局在原《商标注册证》上加注发还，或者重新核发《商标注册证》，并予公告。

（二）注册商标的无效宣告和撤销程序

1.注册商标无效宣告的事由和机构

（1）已经注册的商标，采用了不得作为商标使用或注册的标志的，或者是以欺骗手段或者其他不正当手段取得注册的，由商标局宣告该注册商标无效；其他单位或者个人可以请求商标评审委员会宣告该注册商标无效。

（2）对于已经注册的商标，存在以下情形之一：①就相同或者类似商品申请注册的商标是复制、摹仿或者翻译他人未在中国注册的驰名商标，容易导致混淆的；②就不相同或者不相类似商品申请注册的商标是复制、摹仿或者翻译他人已经在中国注册的驰名商标，误导公众，致使该驰名商标注册人的利益可能受到损害的；③未经授权，代理人或者代表人以自己的名义将被代理人或者被代表人的商标进行注册，被代理人或者被代表人提出异议的；④商标中有商品的地理标志，而该商品并非来源于该标志所标示的地区，误导公众的，但是，善意取得注册的除外；⑤申请商标注册损害他人现有的在先权利，或者以不正当手段抢先注册他人已经使用并有一定影响的商标的，自商标注册之日起五年内，在先权利人或者利害关系人可以请求商标评审委员会宣告该注册商标无效。对恶意注册的，驰名商标所有人不受五年的时间限制。

2.注册商标的撤销的事由和机构

（1）使用注册商标有下列行为之一的，由工商行政管理部门责令商标注册人限期改正；拒不改正的，报请商标局撤销其注册商标：①自行改变注册商标的；②自行改变注册商标的注册人名义、地址或者其他注册事项的。

（2）注册商标成为其核定使用的商品的通用名称或者没有正当理由连续三年不使用的，任何单位或者个人可以向商标局申请撤销该注册商标。

3.注册商标无效宣告以及撤销后的影响

（1）无效的注册商标，由商标局予以公告，该注册商标专用权视为自始即不存在。

（2）注册商标被撤销、被宣告无效的，自撤销、宣告无效之日起一年内，商标局对与该商标相同或者近似的商标注册申请，不予核准。

商标局、商标评审委员会撤销注册商标，撤销理由仅及于部分指定商品的，撤销在该部分指定商品上使用的商标注册。

4.注册商标无效和撤销后的救济

（1）对于商标局做出宣告注册商标无效的决定，当事人不服的，可以自收到通知之日起十五日内向商标评审委员会申请复审。当事人对商标评审委员会的决定不服的，可以自收到通知之日起三十日内向人民法院起诉。

（2）对商标局撤销注册商标的决定，当事人不服的，可以自收到通知之日起十五日内向商标评审委员会申请复审，由商标评审委员会做出决定。

当事人对商标评审委员会的决定不服的，可以自收到通知之日起三十日内向人民法院起诉。

六、驰名商标

（一）驰名商标的认定

根据《中华人民共和国商标法》第十三条规定，为相关公众所熟知的商标，持有人认为其权利受到侵害时，可以依照本法规定请求驰名商标保护。

就相同或者类似商品申请注册的商标是复制、摹仿或者翻译他人未在中国注册的驰名商标，容易导致混淆的，不予注册并禁止使用。

就不相同或者不相类似商品申请注册的商标是复制、摹仿或者翻译他人已经在中国注册的驰名商标，误导公众，致使该驰名商标注册人的利益可能受到损害的，不予注册并禁止使用。

根据《中华人民共和国商标法》第十四条规定，驰名商标应当根据当事人的请求，作为处理涉及商标案件需要认定的事实进行认定。认定驰名商标应当考虑下列因素：

（1）相关公众对该商标的知晓程度。

（2）该商标使用的持续时间。

（3）该商标的任何宣传工作的持续时间、程度和地理范围。

（4）该商标作为驰名商标受保护的记录。

（5）该商标驰名的其他因素。

在商标注册审查、工商行政管理部门查处商标违法案件过程中，当事人依照本法第十三条规定主张权利的，商标局根据审查、处理案件的需要，可以对商标驰名情况作出认定。

在商标争议处理过程中，当事人依照本法第十三条规定主张权利的，商标评审委员会根据处理案件的需要，可以对商标驰名情况作出认定。

在商标民事、行政案件审理过程中，当事人依照本法第十三条规定主张权利的，最高人民法院指定的人民法院根据审理案件的需要，可以对商标驰名情况作出认定。

生产、经营者不得将"驰名商标"字样用于商品、商品包装或者容器上，或者用于广告宣传、展览以及其他商业活动中。

（二）对驰名商标的特殊保护

根据《中华人民共和国商标法》第十三条规定，为相关公众所熟知的商标，持有人认为其权利受到侵害时，可以依照本法规定请求驰名商标保护。

就相同或者类似商品申请注册的商标是复制、摹仿或者翻译他人未在中国注册的驰名商标，容易导致混淆的，不予注册并禁止使用。

就不相同或者不相类似商品申请注册的商标是复制、摹仿或者翻译他人已经在中国注册的驰名商标，误导公众，致使该驰名商标注册人的利益可能受到损害的，不予注册并禁止使用。

七、商标侵权

根据《中华人民共和国商标法》第五十七条规定，有下列行为之一的，均属侵犯注册商标专用权：

（1）未经商标注册人的许可，在同一种商品上使用与其注册商标相同的商标的。

（2）未经商标注册人的许可，在同一种商品上使用与其注册商标近似的商标，或者在类似商品上使用与其注册商标相同或者近似的商标，容易导致混淆的。

（3）销售侵犯注册商标专用权的商品的。

（4）伪造、擅自制造他人注册商标标识或者销售伪造、擅自制造的注册商标标识的。

（5）未经商标注册人同意，更换其注册商标并将该更换商标的商品又投入市场的。

（6）故意为侵犯他人商标专用权行为提供便利条件，帮助他人实施侵犯商标专用权行为的。

（7）给他人的注册商标专用权造成其他损害的。

根据《中华人民共和国商标法》第五十八条规定，将他人注册商标、未注册的驰名商标作为企业名称中的字号使用，误导公众，构成不正当竞争行为的，依照《中华人民共和国反不正当竞争法》处理。

根据《商标法实施细则》第七十五条规定，为侵犯他人商标专用权提供仓储、运输、邮寄、印制、隐匿、经营场所、网络商品交易平台等，属于《中华人民共和国商标法》第五十七条第六项规定的提供便利条件。

根据《商标法实施细则》第七十六条规定，在同一种商品或者类似商品上将与他人注册商标相同或者近似的标志作为商品名称或者商品装潢使用，误导公众的，属于《中华人民共和国商标法》第五十七条第二项规定的侵犯注册商标专用权的行为。

第四节

著作权法律知识

- - - - - - - - - - -

一、著作权的客体

（一）作品的含义

著作权的客体是指作品。《著作权法实施条例》第二条所规定的作品是指：文学、艺术和科学领域内具有独创性并能以某种形式复制的智力创作成果。所谓独创性是指作品必须是作者创造性的、独立完成的成果，例如，自己创作，不是抄袭或剽窃；判断一部作品的独创性是不容易的，独创性标准也很低；相似不能说是抄袭或剽窃，翻译同一小说，或根据同一题材写出的小说或其他作品很可能有相似的地方。所谓可复制性是指作品是能够以一定的物质形式表现或固定下来，供他人利用；并且有载体：纸、录音、录像等；《中华人民共和国著作权法》五十二条规定："本法所称的复制，指以印刷、复印、临摹、拓印、录音、录像、翻录、翻拍等方式将作品制成一份或多份的行为。"

（二）作品的种类

根据《著作权法实施条例》第四条，作品的种类可分为：

（1）文字作品，是指小说、诗词、散文、论文等以文字形式表现的作品。

（2）口述作品，是指即兴的演说、授课、法庭辩论等以口头语言形式表现的作品。

（3）音乐作品，是指歌曲、交响乐等能够演唱或者演奏的带词或者不带词的作品。

（4）戏剧作品，是指话剧、歌剧、地方戏等供舞台演出的作品。

（5）曲艺作品，是指相声、快书、大鼓、评书等以说唱为主要形式表演的作品。

（6）舞蹈作品，是指通过连续的动作、姿势、表情等表现思想情感的作品。

（7）杂技艺术作品，是指杂技、魔术、马戏等通过形体动作和技巧表现的作品。

（8）美术作品，是指绘画、书法、雕塑等以线条、色彩或者其他方式构成的有审美意义的平面或者立体的造型艺术作品。

（9）建筑作品，是指以建筑物或者构筑物形式表现的有审美意义的作品。

（10）摄影作品，是指借助器械在感光材料或者其他介质上记录客观物体形象的艺术作品。

（11）电影作品和以类似摄制电影的方法创作的作品，是指摄制在一定介质上，由一系列有伴音或者无伴音的画面组成，并且借助适当装置放映或者以其他方式传播的作品。

（12）图形作品，是指为施工、生产绘制的工程设计图、产品设计图，以及反映地理现象、说明事物原理或者结构的地图、示意图等作品。

（13）模型作品，是指为展示、试验或者观测等用途，根据物体的形状和结构，按照一定比例制成的立体作品。

（三）著作权不予保护的客体

《中华人民共和国著作权法》第五条明确列出了不受其保护的客体，包括以下三种情形：

（1）法律规定，国家机关的决议、决定、命令和其他具有立法、行政、司法性质的文件及其官方正式译文。规定这类客体不适用于著作权法保护，是为了有助于这类客体的广泛传播。但是，由于这类客体具有严肃性和权威性，将这类客体进行编辑出版时，应当遵守有关规定。

（2）时事新闻，指通过期刊、报纸、电台、电视台等传播媒介报道的单纯事实消息。一是为了有利于时事新闻的传播，二是其只是单纯地反映客观现实，不能成为作品。但是，如果报道者对时事新闻做出了加工，即付出了创造性劳动时，该报道可以构成作品。

（3）历法、通用数表、通用表格和公式。这些客体因其在日常生活、学习中的工具性质，不适用于著作权法保护。作为工具，显然不适合用著作权法加以保护，否则违背著作权法的基本原理，妨碍科学技术的进步和文化的发展。当然，上述三种客体虽不适用于著作权法保护，但并不意味着不受其他法律保护。

另外，著作权法不保护客体，也包括保护期届满的作品以及著作权人正式声明放弃其著作权的作品等。

二、著作权的主体

（一）著作权人

著作权人是著作权法保护的主体，根据《中华人民共和国著作权法》第九条规定："著作权人包括：①作者；②其他依照本法享有著作权的公民、法人或者非法人单位。"

外国人、无国籍人的作品受保护条件分为以下几种情形：

（1）外国人、无国籍人的作品，其作者所属国或者经常居住地国同中国签订有协议或者有共同参加的国际条约的，依据相关国际协议和条约予以保护。

（2）外国人或者无国籍人的作品首先在中国境内出版的，受我国著作权法的保护。在中国境外首先出版，三十日内又在中国境内出版的，视为该作品同时在中国境内出版。

（3）未与中国签订协议或者共同参加国际条约的国家的作者以及无国籍人的作品首次在中国参加的国际条约的成员国出版的，或者在成员国和非成员国同时出版的，也受我国著作权法的保护。

（4）外国人与无国籍人的作品自首次在我国境内出版之日起受保护，此点与中国人的作品自创作完成之日起受保护不同。

（二）著作权人的确定

著作权属于作者，是著作权归属的一般原则。在法律上，这里的作者既包括自然人，也包括法人和其他社会组织。著作权人和作者是两个概念，也就是说，除作者以外，其他自然人、法人或社会组织依法也可以成为著作权的主体。《中华人民共和国著作权法》第十一条规定，判定作者的方法是"如无相反证明，在作品上署名的公民、法人或其他组织为作者"。

（1）合作作品的著作权。根据《中华人民共和国著作权法》第十三条的规定，合作作品的作者共同享有著作权。其中，无法分割的合作作品之著作权，适用财产共同共有原则，由合作作者共同共有。对著作权的行使，有规定的按照规定，有约定的依从约定。约定不得违反著作权法，既无规定又无约定的，则按财产共有原则处理。合作作品可以分割使用的，作者对自己创作的部分可以单独行使著作权。但是，行使该权利时，不得构成对合作作品整体著作权的侵害。

（2）职务作品的著作权。有约定的从约定，无约定的，一般而言，著作权属作者个人所有，但法人或其他组织有权在其业务范围内优先使用。但是主要利用法人或其他社会组织的物质技术条件创作，并由法人或者其他社会组织承担责任的工程设计图、产品设计图、计算机软件、地图等职务作品以及法律、行政法规规定或者合同约定著作权由法人或其他社会组织享有的职务作品，作者享有署名权，其他权利由法人或其他社会组织享有。

（3）演绎作品的著作权。我国著作权法规定演绎作品的著作权归属于演绎人，但是演绎人在利用演绎作品时要受到一定的限制：除法律另有规定的情况，演绎他人的原创作品应该事先得到原创作者的许可并支付相应的报酬；演绎作品的著作权人在行使其著作权时，不能侵犯原作者作品的著作权；第三人在对演绎作品进行利用或进行再演绎时，应征得原创作者和演绎作者的双重许可。

（4）汇编作品的著作权。汇编作品的著作权由汇编人享有。汇编人可以是自然人，也可以是法人或其他组织，在实践中，法人和其他组织比较常见。同时，汇编作品的著作权人在行使汇编作品著作权时，不得侵犯原作品作者的著作权。也就是说，汇编人在对单个作品进行汇编创作时，如果这些单个作品仍享有著作权，则应征得原作者的同意并向其支付报酬。

（5）委托作品的著作权。委托作品的著作权归属由委托人和受托人通过合同约定，合同约定不明确或未约定的，著作权属于受托人。

（6）影视作品的著作权。影视作品的著作权归制片人享有，但是导演、编剧、作词、作曲、摄影等享有署名权和获得报酬权。影视作品中的剧本、音乐等可单独使用的作品的作者有权单独行使其著作权。

（7）原件所有权转移的作品的著作权。作品的原件所有权转移后，作者不再享有该原件的所有权，但是其仍然享有作品的著作权。同时，作品原件所有权转移时著作权中的展览权随之转移，即由原件所有权人享有作品的展览权。

（8）作者身份不明的作品的著作权。作者身份不明的作品的著作权除署名权外，由其原件所有人行使；作者身份确定后，由作者或者其继承人行使。

（9）自传体作品的著作权。著作权归属由双方当事人约定，如果没有约定或者约定不明确的，著作权归自传者享有，写作人或整理人可以获得一定的报酬。

三、著作权与著作权有关权利的内容

（一）著作权的内容

著作权包括著作人身权和著作财产权。

1. 著作人身权

著作人身权指作者对其作品所享有的各种与人身相联系或密不可分而无直接财产内容的权利。作者终身享有著作人身权，没有时间的限制。作者死后，作者的著作人身权可依法由其继承人、受遗赠人或国家的著作权保护机关予以保护。一般认为，它不能转让、剥夺或继承。《中华人民共和国著作权法》第十条具体规定了以下四项权利：

（1）发表权：是作者依法决定作品是否公之于众和以何种方式公之于众的权利。是著作权的首要权利。包括发表作品和不发表作品的权利。

（2）署名权：是作者为表明其作者身份，在作品上注明其姓名或名称的权利。包括作者在自己的作品上署名和不署名的权利。作者作品署名发表后，其他任何人以出版、广播、表演、翻译、改编等形式进行传播和使用时，必须注明原作品作者的姓名。著作权由法人或其他组织享有的职务作品，署名权归作者享有。署名权不得转让、继承，也不存在放弃问题。保护期不受限制。如无相反证明，在作品上署名的公民、法人或其他组织为作者。

（3）修改权：是作者修改或授权他人修改其作品的权利。为作者所享有，只有经作者授权，他人才能修改其作品，未经授权而擅自修改，即构成对作者修改权的侵犯。但有以下两种情形例外：

1）报社、杂志社可对投稿作品作文字性修改、删节，无须征得作者同意。从实质上讲，修改权仍属于作者，他人只能在法定范围内对作品作文字性修改、删节，而不能改变作品的基本内容和形式。

2）美术作品原件出售后，著作权人如想修改作品，须征得美术作品原件所有人同意。

（4）保护作品完整权：是保护作品不受歪曲、篡改的权利。保护作品完整权是修改权的延续，在内容上比修改权更进一步，不仅禁止对作品进行修改，且禁止他人在以改编、注释、翻译、制片、表演等方式使用作品时对作品作歪曲性的改变。但作品在出版、发表的过程中，出版人、编辑者对出版作品所做的技术性处理，如引证的确认，文字和语法错误的更改，不能视为对保护作品完整权的侵犯。

2．著作财产权

著作财产权是指作者及传播者通过某种形式使用作品，从而依法获得经济报酬的权利。《中华人民共和国著作权法》第十条具体规定了以下十二项权利：

（1）复制权：指以印刷、复印、临摹、拓印、录音、翻录、翻拍等方式将作品制成一份或多份的权利。它是著作财产权中最基本的权能。是著作权人的专有权，往往与发行或广播权连在一起使用。非经著作权人许可或法律允许，他人不得擅自复制作品。

（2）发行权：指以出售或赠与方式向公众提供作品或其复制品的权利。是一项重要的财产权。不受著作权保护的作品不能被发行。目的是为了实现一定的经济权利。

（3）出租权：即有偿许可他人临时使用电影作品和以类似摄制电影的方法创作的作品、计算机软件的权利。计算机软件不是出租的主要标的的除外。

（4）展览权：是将作品原件或复制件公开陈列的权利。著作权人有权将作品自行展览，也可授权他人展览并获取报酬。目的是让不特定的公众观赏。

（5）表演权：亦称公演权、上演权。指公开表演作品，以及用各种手段公开播送作品的权利。特点在于必须以公开的方式进行，面向不特定的多数人。表演他人作品应征得著作权人的许可，但免费表演已发表的作品可以不经著作权人的许可，不向其支付报酬，但应当指出作者的姓名、作品名称，且不得侵犯著作权人的其他权利。

（6）放映权：即通过放映机、幻灯机等技术设备公开再现美术、摄影、电影和以类似摄制电影的方法创作的作品等的权利。"公开再现"是其本质特征。电影的放映权由制片人行使，要放映电影只需征求制片人同意即可，无须再征得各有关部分作者的许可。

（7）广播权：即以无线方式公开广播或传播作品，以有线传播或转播的方式向公众传播广播的作品，以及通过扩音器或其他传送符号、声音、图像的类似工具向公众传播广播的作品的权利。著作权人有权禁止或许可他人将其作品通过广播的形式进行传播。

（8）信息网络传播权：即以有线或无线方式向公众提供作品，使公众可以在其个人选定的时间和地点获得作品的权利。属公有领域的信息，不受著作权法保护，公众可自由使用，有些则须经著作权人许可，并支付一定的报酬才能使用。

（9）摄制权：即以摄制电影或者以类似摄制电影的方法将作品固定在载体上的权利；可是原作，也可是原作的演绎作品。

（10）改编权：即改编作品，创作出具有独创性的新作品的权利。是指在不改变作品的基本思想内容的前提下，变换作品表现形式。

（11）翻译权：即将作品从一种语言文字转换成另一种语言文字的权利。《伯尔尼公约》、《世界版权公约》规定：在一定条件下，对外国人的作品，可由政府强制许可翻译，无须征得外国著作权人的同意。

（12）汇编权：对作品或作品的片段通过选择或编排，汇集成新作品的权利。包括注释权、整理权和编辑权。汇编者对汇编所形成的作品，应享有著作权。

（二）著作权的保护期

1.著作人身权的保护期限

著作人身权中的署名权、修改权和保护作品完整权的保护期不受限制，可以获得永久性保护。但著作人身权中的发表权的保护有时间限制。

2.自然人作品的发表权和财产权的保护期

公民的作品，其发表权和著作财产权的保护期分别为作者终生及其死后50年，截止于作者死亡之后第50年的12月31日；如果是合作作者，截止于最后死亡的作者死亡后第50年的12月31日。作者生前未发表的作品，如果作者未明确表示不发表，作者死亡后50年内，其发表权可由继承人或者受遗赠人行使；没有继承人又无人受遗赠的，由作品原件的所有人行使。

3.法人或其他组织的作品的发表权和财产权的保护期

单位作品，著作权（署名权除外）由法人或者其他组织享有的职务作品，其发表权和著作财产权的保护期为50年，截止于作品发表后第50年的12月31日，但作品自创作完成后50年内未发表的，著作权不再受保护。

4.作者身份不明的作品使用权的保护期

作者身份不明的作品，其使用权的保护期截止于作品发表后第50年的12月31日。作者身份确定后，适用《中华人民共和国著作权法》第二十一条的规定，按不同作品类型分别确定保护期。

5.电影类作品、摄影作品的发表权和财产权的保护期

电影作品和以类似摄制电影的方法创作的作品、摄影作品，其发表权和著作财产权的保护期为50年，截止于作品首次发表后第50年的12月31日，但作品自创作完成后50年内未发表的，本法不再保护。

（三）著作权的限制

1.合理使用的概念

著作权、邻接权均受合理使用的限制。合理使用，指将他人已经发表的作品以法定方式使用，可以不经权利人允许，亦无须支付报酬，且不构成侵权的使用方式。

2.合理使用的具体范围

根据《中华人民共和国著作权法》的规定，著作权的合理使用主要体

现在：

（1）为个人学习、研究或者欣赏，使用他人已经发表的作品。

（2）为介绍、评论某一作品或者说明某一问题，在作品中适当引用他人已经发表的作品。

（3）为报道时事新闻，在报纸、期刊、广播电台、电视台等媒体中不可避免地再现或者引用已经发表的作品。

（4）报纸、期刊、广播电台、电视台等媒体刊登或者播放其他报纸、期刊、广播电台、电视台等媒体已经发表的关于政治、经济、宗教问题的时事性文章，但作者声明不许刊登、播放的除外。

（5）报纸、期刊、广播电台、电视台等媒体刊登或者播放在公众集会上发表的讲话，但作者声明不许刊登、播放的除外。

（6）为学校课堂教学或者科学研究，翻译或者少量复制已经发表的作品，供教学或者科研人员使用，但不得出版发行。

（7）国家机关为执行公务在合理范围内使用已经发表的作品。

（8）图书馆、档案馆、纪念馆、博物馆、美术馆等为陈列或者保存版本的需要，复制本馆收藏的作品。

（9）免费表演已经发表的作品，该表演未向公众收取费用，也未向表演者支付报酬。

（10）对设置或者陈列在室外公共场所的艺术作品进行临摹、绘画、摄影、录像。

（11）将中国公民、法人或者其他组织已经发表的以汉语言文字创作的作品翻译成少数民族语言文字作品在国内出版发行。

（12）将已经发表的作品改成盲文出版。

以上规定也适用于对出版者、表演者、录音录像制作者、广播电台、电视台的权利的限制。

（四）著作权的许可和转让

根据《中华人民共和国著作权法》第二十四条规定，使用他人作品应当同著作权人订立许可使用合同，本法规定可以不经许可的除外。许可使用合同包括下列主要内容：

（1）许可使用的权利种类。

（2）许可使用的权利是专有使用权或者非专有使用权。

（3）许可使用的地域范围、期间。

（4）付酬标准和办法。

（5）违约责任。

（6）双方认为需要约定的其他内容。

根据《中华人民共和国著作权法》第二十五条规定，转让作品著作权应当订立书面合同。权利转让合同包括下列主要内容：

（1）作品的名称。

（2）转让的权利种类、地域范围。

（3）转让价金。

（4）交付转让价金的日期和方式。

（5）违约责任。

（6）双方认为需要约定的其他内容。

根据《中华人民共和国著作权法》第二十七条规定，许可使用合同和转让合同中著作权人未明确许可、转让的权利，未经著作权人同意，另一方当事人不得行使。

（五）与著作权有关的权利

1.出版者的权利与义务

根据《中华人民共和国著作权法》第三十六条规定，出版者有权许可或者禁止他人使用其出版的图书、期刊的版式设计。该权利的保护期为十年，截止于使用该版式设计的图书、期刊首次出版后第十年的 12 月 31 日。

2. 表演者的权利与义务

根据《中华人民共和国著作权法》第三十八条规定，表演者对其表演享有下列权利：

（1）表明表演者身份。

（2）保护表演形象不受歪曲。

（3）许可他人从现场直播和公开传送其现场表演，并获得报酬。

（4）许可他人录音录像，并获得报酬。

（5）许可他人复制、发行录有其表演的录音录像制品，并获得报酬。

（6）许可他人通过信息网络向公众传播其表演，并获得报酬。

被许可人以前述第（3）项至第（6）项规定的方式使用作品，还应当取得著作权人许可，并支付报酬。

根据《中华人民共和国著作权法》第三十九条规定，第三十八条第一款第（一）项、第（二）项规定的权利的保护期不受限制。第三十八条第一款第（三）项至第（六）项规定的权利的保护期为五十年，截止于该表演发生后第五十年的 12 月 31 日。

3. 录音录像制作者的权利与义务

根据《中华人民共和国著作权法》第四十二条规定，录音录像制作者对其制作的录音录像制品，享有许可他人复制、发行、出租、通过信息网络向公众传播并获得报酬的权利；权利的保护期为五十年，截止于该制品首次制作完成后第 50 年的 12 月 31 日。

被许可人复制、发行、通过信息网络向公众传播录音录像制品，还应当取得著作权人、表演者许可，并支付报酬。

4. 广播电台、电视台播放者的权利与义务

根据《中华人民共和国著作权法》第四十三条规定，广播电台、电视台播放他人未发表的作品，应当取得著作权人许可，并支付报酬。广播电台、

电视台播放他人已发表的作品，可以不经著作权人许可，但应当支付报酬。

根据《中华人民共和国著作权法》第四十四条规定，广播电台、电视台播放已经出版的录音制品，可以不经著作权人许可，但应当支付报酬。当事人另有约定的除外。具体办法由国务院规定。

根据《中华人民共和国著作权法》第四十五条规定，广播电台、电视台有权禁止未经其许可的下列行为：

（1）将其播放的广播、电视转播。

（2）将其播放的广播、电视录制在音像载体上以及复制音像载体。

前述规定的权利的保护期为 50 年，截止于该广播、电视首次播放后第 50 年的 12 月 31 日。

根据《中华人民共和国著作权法》第四十六条规定，电视台播放他人的电影作品和以类似摄制电影的方法创作的作品、录像制品，应当取得制片者或者录像制作者许可，并支付报酬；播放他人的录像制品，还应当取得著作权人许可，并支付报酬。

四、著作权与著作权有关权利的保护

（一）侵犯著作权及相关权利的行为和侵权责任

1. 损害著作权人利益的侵权行为和侵权责任

根据《中华人民共和国著作权法》第四十七条规定，有下列侵权行为的，应当根据情况，承担停止侵害、消除影响、赔礼道歉、赔偿损失等民事责任：

（1）未经著作权人许可，发表其作品的。

（2）未经合作作者许可，将与他人合作创作的作品当作自己单独创作的作品发表的。

（3）没有参加创作，为谋取个人名利，在他人作品上署名的。

（4）歪曲、篡改他人作品的。

（5）剽窃他人作品的。

（6）未经著作权人许可，以展览、摄制电影和以类似摄制电影的方法使用作品，或者以改编、翻译、注释等方式使用作品的。本法另有规定的除外。

（7）使用他人作品，应当支付报酬而未支付的。

（8）未经电影作品和以类似摄制电影的方法创作的作品、计算机软件、录音录像制品的著作权人或者与著作权有关的权利人许可，出租其作品或者录音录像制品的。本法另有规定的除外。

（9）未经出版者许可，使用其出版的图书、期刊的版式设计的。

（10）未经表演者许可，从现场直播或者公开传送其现场表演，或者录制其表演的。

（11）其他侵犯著作权以及与著作权有关的权益的行为。

2.损害著作权人利益和社会公共利益的侵权行为和侵权责任

根据《中华人民共和国著作权法》第四十八条规定，有下列侵权行为的，应当根据情况，承担停止侵害、消除影响、赔礼道歉、赔偿损失等民事责任；同时损害公共利益的，可以由著作权行政管理部门责令停止侵权行为，没收违法所得，没收、销毁侵权复制品，并可处以罚款；情节严重的，著作权行政管理部门还可以没收主要用于制作侵权复制品的材料、工具、设备等；构成犯罪的，依法追究刑事责任：

（1）未经著作权人许可，复制、发行、表演、放映、广播、汇编、通过信息网络向公众传播其作品的。本法另有规定的除外。

（2）出版他人享有专有出版权的图书的。

（3）未经表演者许可，复制、发行录有其表演的录音录像制品，或者通过信息网络向公众传播其表演的。本法另有规定的除外。

（4）未经录音录像制作者许可，复制、发行、通过信息网络向公众传播其制作的录音录像制品的。本法另有规定的除外。

（5）未经许可，播放或者复制广播、电视的。本法另有规定的除外。

（6）未经著作权人或者与著作权有关的权利人许可，故意避开或者破坏权利人为其作品、录音录像制品等采取的保护著作权或者与著作权有关的权利的技术措施的。法律、行政法规另有规定的除外。

（7）未经著作权人或者与著作权有关的权利人许可，故意删除或者改变作品、录音录像制品等的权利管理电子信息的。法律、行政法规另有规定的除外。

（8）制作、出售假冒他人署名的作品的。

（二）侵权纠纷的解决途径和侵权责任

1. 侵权纠纷的解决途径

著作权纠纷可以调解，也可以根据当事人达成的书面仲裁协议或者著作权合同中的仲裁条款，向仲裁机构申请仲裁。当事人没有书面仲裁协议，也没有在著作权合同中订立仲裁条款的，可以直接向人民法院起诉。

2. 侵犯著作权的责任

侵犯著作权或者与著作权有关的权利的，侵权人应当按照权利人的实际损失给予赔偿；实际损失难以计算的，可以按照侵权人的违法所得给予赔偿。赔偿数额还应当包括权利人为制止侵权行为所支付的合理开支。

权利人的实际损失或者侵权人的违法所得不能确定的，由人民法院根据侵权行为的情节，判决给予50万元以下的赔偿。人民法院审理案件，对于侵犯著作权或者与著作权有关的权利的，可以没收违法所得、侵权复制品以及进行违法活动的财物。

第五节

商业秘密法律知识

一、商业秘密的概念

《国家工商行政管理总局关于禁止侵犯商业秘密行为的若干规定》第二条所称商业秘密，是指不为公众所知悉、能为权利人带来经济利益、具有实用性并经权利人采取保密措施的技术信息和经营信息。

本规定所称不为公众所知悉，是指该信息是不能从公开渠道直接获取的。

本规定所称能为权利人带来经济利益、具有实用性，是指该信息具有确定的可应用性，能为权利人带来现实的或者潜在的经济利益或者竞争优势。

本规定所称权利人采取保密措施，包括订立保密协议，建立保密制度及采取其他合理的保密措施。

本规定所称技术信息和经营信息，包括设计、程序、产品配方、制作工艺、制作方法、管理诀窍、客户名单、货源情报、产销策略、招投标中的标底及标书内容等信息。

本规定所称权利人，是指依法对商业秘密享有所有权或者使用权的公民、法人或者其他组织。

二、商业秘密的保护

（一）侵犯商业秘密的行为

根据《中华人民共和国反不正当竞争法》第十条规定，经营者不得采用下列手段侵犯商业秘密：

（1）以盗窃、利诱、胁迫或者其他不正当手段获取权利人的商业秘密。

（2）披露、使用或者允许他人使用以前项手段获取的权利人的商业秘密。

（3）违反约定或者违反权利人有关保守商业秘密的要求，披露、使用或者允许他人使用其所掌握的商业秘密。

第三人明知或者应知前述所列违法行为，仍获取、使用或者披露他人的商业秘密的，视为侵犯商业秘密。

前述所称的商业秘密，是指不为公众所知悉、能为权利人带来经济利益、具有实用性并经权利人采取保密措施的技术信息和经营信息。

（二）侵犯商业秘密的法律责任

1.民事责任

根据《中华人民共和国民法通则》以及《中华人民共和国反不正当竞争法》的规定，侵犯商业秘密民事责任的承担方式，主要有停止侵害、排除妨害、赔偿损失、支付违约金、恢复名誉、恢复荣誉等。其中，司法实践中最常用的是赔偿损失和支付违约金。《中华人民共和国反不正当竞争法》第二十二条规定："经营者违反本法规定，给被侵害的经营者造成损失的，应当承担损害赔偿责任，被侵害的经营者的损失难以计算的，赔偿额为侵权人在侵权期间因侵权所获得的利润；并应当承担被侵害的经营者因调查该经营者侵害其合法权益的不正当竞争行为所支付的合理费用。"

2.行政责任

根据《中华人民共和国反不正当竞争法》第二十五条规定，"违反本法

第十条规定侵犯商业秘密的，监督检查部门应当责令停止违法行为，可以根据情节处以一万元以上二十万元以下的罚款。"

根据《中华人民共和国刑法》第二百一十九条和第二百二十条的规定，侵犯商业秘密的刑事责任分为个人犯罪责任和单位犯罪责任。

（1）个人犯罪的刑事责任。侵犯商业秘密，给商业秘密的权利人造成重大损失的，处三年以下有期徒刑或者拘役，并处或者单处罚金；造成特别严重后果的，处三年以上七年以下有期徒刑，并处罚金。

（2）单位犯罪的刑事责任。单位侵犯商业秘密，给商业秘密的权利人造成重大损失的，对单位判处罚金，并对其直接负责的主管人员和其他直接责任人员，依照个人犯罪的规定予以处罚。

第三章

知识产权应用实务

知识产权运用是指以知识产权保护作为保障，通过对知识产权资源的使用、转移、扩散以实现其价值的过程，是知识产权资源在市场中得以最优化配置、追求利益最大化为目标的过程，优化配置知识产权资源要实现帕累托最优，最终在实现权利人最大利益的同时增加社会财富。知识产权的有效运用不仅能够更好地鼓励权利人，而且有利于发现问题并促进新一轮创新支点的生成[1]。2015 年，国家知识产权局等五部委印发《关于进一步加强知识产权运用和保护助力创新创业的意见》，其中强调要综合运用知识产权政策手段，完善知识产权运营服务体系，拓宽知识产权价值的实现渠道，以此加强知识产权的运用和保护。

知识产权运用包括自行实施、转让、使用许可、质押、出资入股等多种形式。其中自行实施、转让、使用许可属于传统的知识产权运用方式。而知识产权质押、出资入股、信托、融资等则属于知识产权资本化范畴，是知识产权运用未来发展的重要方向，也是实现知识产权资源最优化利用的重要方式。知识产权运用是知识产权管理的核心内容，也是知识产权战略中最为重要的部分。知识产权运用除了拥有知识产权一般特征的同时，还拥有自己独有的特征[2]：

（1）知识产权运用的目的在于实现知识产权的价值。

（2）知识产权运用主体并不限于知识产权所有人，还包括知识产权人委托的代理人及其他获得授权的人。

（3）知识产权运用是一种行为，包括事实行为（如实施）和法律行为

---

[1] 张文德.知识产权运用 [M].北京：知识产权出版社,2015.
[2] 齐爱民.知识产权法总论 [M].北京：北京大学出版社,2010.

（如转让或许可）。

（4）知识产权运用是一种正当行为。运用知识产权的行为必须具有正当性。

下面将分别阐述知识产权的几种主要运用方式。

第一节

知识产权运用

一、知识产权自行实施

知识产权自行实施是知识产权运用最基本、最常见的实现方式，是指知识产权权利人在法律允许的范围内对知识产权进行利用并获利。对于企业来讲主要是：企业将自行创造或购买等方式获得的专利应用到产品中去，通过生产和销售不同于其他企业的差别化产品，实现产品垄断，从而获得竞争优势，以此来确保企业在市场竞争中的获胜；或者将自己拥有著作权的作品直接用于经济社会生活，获取利益。目前，对于国内大部分企业而言，知识产权运用也只停留在自行实施阶段。但是，自行实施的投资力度不够这一问题，将在很大程度上制约项目的进一步产业化，使得企业难以取得更大收益。

二、知识产权转让与许可

知识产权转让与许可是知识产权资本化的另一种体现，知识产权转让是指知识产权权利人基于自己的意志，依法将自己享有的知识产权转移给他人。知识产权许可是指按照法律的规定和约定，知识产权权利人允许被许可人在一定范围内使用自己的知识产权并向知识产权人支付一定的费用。知识产权转让和许可极大提高了知识产权的利用率，将知识产权授予其他企业使用从而获得收入[1]。由于各知识产权特性的不同，在实践过程中，要区别对待。

（一）专利权转让与许可

专利权转让是指专利权人按照买卖合同的方式将相关权利出售给他人，使专利及相关权利转移给受让人所有。专利权转让时，让与人和受让人应当在双方自愿的基础上订立书面转让合同，经国家专利行政管理机关登记和公告后生效。

专利许可是指专利权人或者其授权的人作为让与人，将专利的实施权许可受让人在约定的范围内使用的行为。由于专利权转让合同转让的是专利的所有权，在实践中较为少见，绝大多数专利权人是通过专利实施许可的方式转让专利使用权，获取专利许可费。这也是目前最为常见的专利资本化的一种形式。

专利实施许可包括独占许可、排他许可、普通许可、可转让许可和交叉许可。其中，交叉许可是指合同双方将各自拥有的专利相互许可对方实施，实现交叉或者交互许可。2015 年，一方面，华为与苹果公司签署专利交叉许可协议，华为一共向苹果授权 769 项与通信相关的专利。另一方面，苹果公司也向华为授权了 98 项专利。按照专利授权数量的对比来看，华为要收取苹果的专利费用。以华为为代表的一批中国企业多年来在技术创新上持续加大投入而有所回报的事实告诉我们一个道理：企业要想在市场博弈和竞争中掌握主动权，就必须加大科技投入和加强创新力度。国内企业通过与国外企

---

[1] 田高良，董普 . 现代企业知识产权资本运营战略研究 [J]. 生产力研究，2007（20）：51-53.

业签订交叉许可合同不仅为国内企业带来实实在在的利润，更有助于国内企业走向国际市场，争夺在世界市场上的话语权。

由于专利这种特殊产权的性质，一个比较好的专利实施许可合同，要比一般经济合同更加细致。主要条款一般包括以下方面[①]：

（1）专利技术的内容和专利的实施方式。

（2）实施许可合同的种类。

（3）实施许可合同的有效期限和地域范围。

（4）技术指导和技术服务条款。

（5）专利权瑕疵担保和保证条款。

（6）专利许可使用费用及其支付方式。

（7）违约责任以及违约金或者赔偿损失额的计算方法。

除此之外，就当事人双方认为必要的其他事项，也应进行比较详细的约定。例如：关键名词和术语的解释；不可抗力条款；专利技术改进成果的归属；争议的解决办法；等等。

（二）商标权转让与许可

商标权转让是指依法享有商标专用权的人将部分或全部商标专用权转让给他人并收取一定费用的权利转让过程。商标权人通过依法将商标转让给其他企业所有和使用，可以实现企业商标资源的再利用。在商标权的转让中应遵循一些原则，比如：转让注册商标的受让方应当保证使用该注册商标的商品质量，不得以注册商标为自己制造、销售伪劣商品作掩护；经许可使用他人注册商标的，必须在使用该注册商标的商品上标明被许可人的名称和商品产地[②]。

商标使用许可是指商标权人依法许可他人在一定时间和地域范围内使用其注册商标的法律制度。商标使用许可，既是一项法律制度，又是一种法律

---

① 李冰. 知识产权运用智慧 [M]. 北京：九州出版社，2011.
② 张小炜. 企业商标全程谋略：运用管理和保护 [M]. 北京：法律出版社，2010.

关系行为，还是一种法律关系。在商标使用许可的法律关系中，商标权人被称为许可人，获得商标使用权的人被称为被许可人。在实践中，商标权人在签订商标使用许可时要注意以下几点：

（1）应慎重选择许可使用合同的交易相对人。通常应当对对方的信誉情况和经营情况进行调查。

（2）在商标使用许可合同中详细约定双方的权利和义务。在拟定商标使用许可合同过程中，有以下几个问题必须注意：一是关于商标使用许可费用。二是商标标识的提供方式。三是商标信誉的维护。四是商标专用权的保护。五是关于合同终止的条款。

（3）禁止商标的"裸体许可"。所谓"裸体许可"是指商标权人许可他人毫无限制地使用其商标，对被许可人的产品或服务质量不做任何控制；或许可给信誉不好的被许可人使用，对许可的产品或服务类别不做任何限制。

（三）著作权转让与许可

著作权转让是指著作权人依照法定的条件和程序将其享有的著作财产权全部或部分向非著作权人转移的法律制度。通过著作权的转让，受让人成为新的著作权的权利人。从受让方角度而言，著作权转让时其取得著作财产权的途径和著作权转移的方式，通常是通过转让合同形式来实现的。

著作权的许可是指作者或其他权利人将自己所享有的著作权及其作品以一定的方式、在一定的地域和期限内许可他人使用，并由此而获得相应的报酬。作品许可他人使用后，许可人仍保留其著作权，被许可人取得的只是一定期限的作品使用权，它实质是在不改变作品著作权归属关系的前提下，对于作品使用权的扩展和延伸。

在网络传播无比迅速的当今，著作权的转让与许可问题日益凸显出来。著名漫画家夏达在2016年宣布结束与夏天岛10年的合作并在微博上控诉夏天岛老板姚菲拉的行为，其中双方主要矛盾就是关于著作权归属问题。夏天岛事件的发生警醒着著作权人要更加慎重地签订著作权转让和许可合同，防止自身利益被侵犯。

三、知识产权质押

知识产权质押贷款是一种新型融资方式，与传统的以不动产为抵押物向金融机构申请贷款不同，知识产权质押贷款是指企业或个人以合法拥有的专利权、商标权、著作权的财产权作为质押物，向银行申请贷款。

知识产权质押贷款与银行其他贷款的根本区别在于知识产权具有不稳定性，容易受到不确定因素的影响而产生波动和风险，而这些因素往往是银行难以控制的。作为金融行业的一项新业务，银行普遍持谨慎态度。此外，知识产权在价值评估方面存在一定风险。因为知识产权客体的非物质性，知识产权的独特性、唯一性，使知识产权的价值只有通过科学评估才能得以确认[①]。

知识产权质押获得贷款在形式上的要件主要有两个，一是质权合同，二是登记。银行在具体处理贷款业务时，主要的流程是：客户提出贷款申请后，对提出的贷款申请进行受理，并对该贷款进行调查，通过审查的，对该贷款审批，并签订借款及担保的法律文件，然后银行和客户办理质押登记手续，对质押凭证收押保管并发放贷款。

目前，一些还不能用于质押贷款的知识产权有：版权、外观设计、专有技术，这些知识产权一旦用于质押贷款，很容易引起纠纷。此外，银行对贷款的用途还有特定的限定，该贷款仅限于借款人在生产经营过程中的正常资金需求；该贷款不得用于证券市场、房地产开发等。

近年来，全国各地都纷纷出台政策促进知识产权质押融资。自 2011 年起，江苏各地出台办法，从制度上规范业务流程，对知识产权质押的法律依据、

---

① 曹辰. 知识产权质押融资打通创新渠道 [J]. 安徽科技, 2011（1）: 38-39.

适用范围、贷款对象和条件、贷款额度、贷款申请程序等做出明确规定，形成了较为完善的知识产权金融服务工作体系。以南通为例，为化解银行的信贷风险，针对不同的知识产权质押信贷产品，先后在知识产权专项经费中出资 3200 万元引导建立了贷款风险资金，分担了金融机构信贷风险，有力地调动了金融机构参与知识产权质押融资服务的积极性。

四、知识产权出资

知识产权资本化，就是一种重视知识产权资源，认识和评价知识产权价值，实现知识产权价值与资本转换，促进知识产权创造的企业运营机制。知识产权资本化涉及企业、金融、证券、担保、评估等环节。随着知识产权的资本化、证券化，知识产权在整个经济中的经济价值必然在逐步上升，这也是知识产权经济很重要的标志。知识产权应该更多地融合到企业的运作中去，通过风险投资实现资本化，然后再通过上市、发行债券再证券化，这种方式是推进知识产权应用的重要途径之一，也是知识产权融入企业运营的重要方式之一。

知识产权具体出资方式包括"转让"和"许可"两种。这必须由具有资产评估资质的评估机构来进行，否则其评估结果在注册时不被认可。企业通过知识产权资本化不仅可以很好地改善资产结构、负债结构等财务指标，也必将对企业的持续、健康发展起到巨大的推动作用。目前比较常用的两种知识产权出资方式分别为专利技术入股和利用商标进行投资。

专利技术入股是指以专利技术作为财产估价后，以出资入股的形式与其他形式的财产相结合，按法定程序组建有限责任公司或股份有限公司的一种经营行为。它是指技术持有人或者技术出资人以技术成果作为无形资产作价投资公司的行为。技术成果入股后，技术出资方取得股东地位，相应的技术成果财产权归公司享有。

专利技术入股有两种形式：一种是卖方以其智力和研究获得的专利，开发项目作为股份向企业进行技术投资，联合研制、开发新产品，共同承担风险，分享效益；另一种是卖方将自己掌握的现成技术成果折合成股份，向企业进行技术投资，然后分享效益[①]。

利用商标进行投资。商标权是一种财产权，尤其是驰名商标，它是企业的巨大财富。企业可以利用这种财产作为出资对外投资，提高经济效益。商标融资主要是指将作为无形资产的商标转为有形的资产，以及利用该资本进行投资为企业获得最大化的利益。

商标权的投资包括多种形式，如商标权获取前的研究设计投资、商标权获取过程中的投资、商标权获取后的维护投资、商标权推广宣传投资以及商标资本化投资。也就是说，如何将现有的商标权进行合理的投资，以使企业可以达到融资的目的，即商标权的资本化投资。企业商标权资产投资的途径主要有商标权的转让、商标权的使用许可、商标权的投资入股及商标权的抵押贷款。

近年来，以中技知识产权金融服务集团为代表的知识产权服务公司通过知识产权入股、知识产权质押融资等金融服务为科技型中小微企业融资提供了系统性解决方案，并使一批例如中兴通融等具有核心技术的科技型企业得以在新三板成功上市。

五、知识产权证券化

知识产权证券化是指发起机构（通常为创新型企业）将其拥有的知识产权或其衍生债权，转移到特设载体，再由此特设载体以该等资产做担保，经过重新包装、信用评价等，在信用增强后在市场上发行可流通的证券，借此

---

① 琚存旭. 企业知识产权管理实务 [M]. 北京：中国法制出版社，2009.

为发起机构进行融资的金融操作。作为一种重要的金融创新，知识产权证券化对于建设多层次金融市场、发展自主知识产权具有重要意义。

知识产权证券化是指以知识产权的未来许可使用费为基础，发行资产支持证券，从而进行融资的方式。在知识经济快速发展的今天，经济与科技的发展需要知识产权的应用，随着国际层面知识产权证券化的发展，知识产权证券化也呈现出一定的发展趋势。

知识产权证券化交易流程如下[①]：

（1）知识产权的所有者（原始权益人、发起人）将知识产权未来一定期限的许可使用收费权转让给资产证券化唯一的特殊目的机构（SPV）。

（2）SPV 聘请信用评级机构进行资产支持证券（ABS）发行之前的内部信用评级。

（3）SPV 根据内部信用评级的结果和知识产权的所有者的融资要求，采用相应的信用增级技术，提高 ABS 的信用级别。

（4）SPV 再次聘请信用评级机构进行发行信用评级。

（5）SPV 向投资者发行 ABS，以发行收入向知识产权所有者支付知识产权未来许可使用收费权的购买价款。

（6）知识产权的所有者或其委托的服务人向知识产权的被许可方收取许可使用费，并将款项存入 SPV 指定的收款账户，由托管人负责管理。

（7）托管人按期对投资者还本付息，并向聘用的信息评级机构等中介机构付费。

六、企业商业秘密策略

商业秘密属于知识产权范畴，但由于其特殊性，与一般的知识产权在运

[①] 秦菲，陈剑平. 知识产权证券化融资研究 [J]. 社科纵横（新理论版），2008（2）：90-91.

用上有很大的不同。商业秘密的运用主要是指企业商业秘密策略。制定符合企业现状的商业秘密保护策略可以帮助企业实现发展目标，解决企业发展的全局性问题[①]。

商业秘密保护按照不同的标准可以分为不同的类别。第一，按照商业秘密是否已经受到侵害可分为预防性保护和救济性保护。第二，按照使用的不同法律对商业秘密进行保护可分为反不正当竞争法保护、合同法和民法保护、劳动合同法和劳动法保护以及刑法保护等不同的类别。第三，按照保护采用的途径不同可分为通过诉讼程序保护和通过非诉讼途径保护两种。

在实践中，商业秘密保护策略要做好如下几个事项：第一，企业必须建立完善的有关商业秘密保护的规章制度，即商业秘密保护要制度化、系统化。第二，对企业的商业秘密要按照不同的类别分别采取不同的保护措施加以保护。第三，加强内部人员管理是防止商业秘密泄露的重要内容。第四，对外签订合同时，或者与商业伙伴合作或经济往来过程中，也要加强商业秘密的保护。第五，当发生商业秘密侵权时，应该积极主动利用法律允许的各种救济措施，充分保护企业的合法权益，实现企业利益最大化。

历史上最著名的商业秘密莫过于可口可乐的配方了。法国一家报纸曾打趣道，世界上有三个秘密是为世人所不知的，那就是英国女王的财富、巴西球星罗纳尔多的体重和可口可乐的配方。根据我国《专利法》的规定，发明专利最长的保护期限为 20 年，而可口可乐的配方自 1886 年在美国亚特兰大诞生以来，已保密达 130 年之久，对于可口可乐公司来说，保住这个商业秘密，就是保住市场。如果对自身的保密措施有足够的信心，对于具有市场核心技术的公司来说，采用商业秘密的方法来保护自身的技术，也是一种获取竞争优势的重要手段。

---

① 田治，杜杰．企业商业秘密保护策略分析 [J]．商业文化月刊，2008（1）：248．

第二节

知识产权信息分析

一、专利检索

专利检索就是根据一项或数项特征，从大量的专利文献或专利数据库中挑选符合某一特定要求的文献或者信息的过程。一般包括以下几个方面[①]。

（一）制定检索策略

检索策略的制定是专利分析工作的重要环节，检索人应当充分研究项目的行业背景、技术领域，并结合所选数据库资源的特点制定适当的检索策略。一般来说，在对研究项目所涉及技术内容进行详细分解后，应尽可能列举与技术主题相关的关键词和分类号，同时确定关键词与分类号之间的关系，以实现最佳的检索效果。

1.列举关键词

使用关键词检索的优点在于直观，能够直接选取所需要的技术要点，对于没有更准确分类号的申请，往往需要使用关键词进行检索。但关键词检索

[①]　毛金生，冯小兵，陈燕.专利分析和预警操作实务 [M]. 北京：清华大学出版社，2009.

也存在问题，由于专利文献的用词与文献撰写者的用词习惯差别较大，检索结果的全面性难以保证，同时对于某一技术要点的关键词选择所要求的技巧性也比较强。

2.列举分类号

使用分类号检索的优点在于其准确性和高效性，这是因为分类号是由专业人员按照技术内容划分的，由于分类号所具有的一致性和规律性的特点，使得利用分类号进行检索有利于快速确定所查找信息的范围，进而找到所需的相关信息。但需要注意，为了准确全面地进行技术检索，分类号检索通常需要结合关键词来构建检索式。

3.确定关键词和分类号的组合关系

关键词和分类号是进行专利检索的最基本方式。在检索过程中常常需要进行组合，通常情况下有以下三种最基本的组合方式：关键词与关键词组合、关键词与分类号组合、分类号与分类号组合。在项目研究过程中，检索人应当根据所确定的分析目标以及项目分解的情况灵活地组配关键词和分类号之间的组合关系。

（二）专利检索实施步骤

专利检索策略制定完成后，进入专利检索环节。专利检索主要包括初步检索、修正检索式和提取专利数据三个步骤。

1.初步检索

根据编制完成的检索式和选定的数据库特点，选择小范围时间跨度提取数据，完成初步检索步骤。

2.修正检索式

浏览上述初步检索结果，并进行分析研究，初步判断检全率和检准率，并对误检漏检数据进行分析，找出误检漏检原因，完成检索式修订，形成修正检索式。值得注意的是，修正检索式往往要经过多次反复、不断调整检索式并判断检索结果的过程，直至对检索结果满意，形成最终检索式。

3. 提取专利数据

运行最终的修正检索式，下载检索结果，形成专利分析原始样本数据库，供进一步使用。

（三）数据加工

检索完成后，应当依据项目分解后的技术内容对采集的数据进行加工整理，形成分析样本数据库。数据加工主要包括数据转换、数据清洗和数据标引三个步骤。

1. 数据转换

数据转换是数据加工过程中的第一步，其目的是使检索到的原始数据转化为统一的、可操作的、便于统计分析的数据格式（如 Excel 的存储格式等）。

2. 数据清洗

数据清洗实质上是对数据的进一步加工处理，目的是为了保证本质上属于同一类型的数据最终能够被聚集到一起，作为一组数据进行分析。这是因为各国在著录项目录入时，由于标引的不一致、输入错误、语言表达习惯的不同、重复专利或同族专利等原因造成原始数据不一致，如果对数据不加以整理或合并，在统计分析时就会产生一定的误差，进而影响到整个分析结果的准确性。

3. 数据标引

数据标引是指根据不同的分析目标，对原始数据中的记录加入相应的标识，从而增加额外的数据项来进行特定分析的过程。数据标引是数据加工的最后一步，一般情况下根据不同的分析目标和项目分解内容，所标引的内容会有所区别。

二、专利信息分析

专利信息分析是指通过专利检索方法，检索出与研究主题相关的数据、各种与专利相关的信息，并加以统计分析的方法，加上缜密剖析整理，而后制成各种可分析、解读的图标信息，将纷繁复杂的专利信息简单化、形象化。通过对专利情报进行收集、加工后，以视觉直观的方式对各种专利信息予以揭示和分析，以便于较好地理解复杂纷繁的数据信息，并在此基础上科学决策，建构有针对性的专利战略战术。当前社会，随着技术的发展，专利信息的作用变得越来越重要，对专利信息的有效利用，可帮助企业突破国外技术壁垒、实现技术跨越，使企业自主创新更有的放矢。专利信息分析主要有以下几个方面：

（一）揭示专利技术发展趋势

在专利分析中，将年份作为横坐标、专利数量作为纵坐标来分析该专利技术的逐年增长趋势。如对 2000 年以来国内二氧化氯消毒剂专利申请量进行分析，就能反映出二氧化氯消毒剂技术表现出逐年增长趋势，表明二氧化氯消毒剂处于蓬勃发展阶段，技术不断更新。

（二）揭示各研发主体技术实力的大致分布

技术领域内各研究主体的专利占有量信息是专利分析的重要内容，通过专利分析要显示某技术专利在各研发主体间的分布，能够揭示不同国家或机构在该领域先进技术的掌握情况。这为该技术领域研发活动提供了值得关注的对象，或是技术引进的明确目标。

（三）揭示竞争专利权人的相对研发能力

主要通过专利引证率来衡量。自引证率高，表明专利权人的技术自成体系，研究能够连续深入展开；被引证率高，表明专利技术质量高，能促进技术领域的整体发展。

（四）揭示竞争专利权人的专利技术领域分布

通过雷达式专利地图表现放射式多因素单元的组合，比较申请年、申请人或技术领域的情况，有助于揭示不同申请人技术研发的平衡度及其技术特长，以及不同技术领域的受关注度或重点领域的发展态势。

（五）揭示技术主题的引证和扩展情况

通过对某特定技术领域核心专利引证数随时间变化的分析展示，能够追溯技术发展源头，评断技术发展趋势，为新产品开发和新计划实施提供线索。

（六）揭示不同技术领域间的关联

在技术革新过程中，充分了解该技术的背景，掌握其支撑技术的信息，往往能找寻到技术创新入口。为此，可以通过 IPC（国际专利分类表）信息，区分每一项专利的主要技术领域和次要技术领域，以及技术应用的潜在领域。

（七）揭示技术组成的变化

以申请年份为横坐标、申请数量为纵坐标可制成专利申请数量变化图。例如，对光盘主要技术的光盘载体、录制和复制原理、载体生产技术可以制成光盘主要技术组成专利申请变化图，显示不同技术领域或同一技术领域不同组成技术间专利申请数量的关系，借助峰间距、时间差距判断组成技术间的变化关系，显示光盘技术领域中光盘刻录和复制技术、光盘载体和光盘载体生产方法三项主要组成技术专利申请数量的变化形势。

（八）揭示技术创新潜在入口

借助显示技术领域内技术功效及其提升制作（包括方法、设备和操作原理）专利信息间关系的专利矩阵地图，能够更加有效地衡量为提升技术功效而投入的技术力量。这样对企业来说，能够更明确为提升某一技术功效所必需的技术投入，再结合自身企业的技术潜力，就能够对企业发展计划实施的难易程度进行估计。

专利中蕴藏着十分巨大的信息量，如果运用恰当的分析方法，结合恰当的场合，它将发挥巨大的作用。

三、知识产权检测分析技术运用

（一）知识产权技术检测

知识产权检测分析，指的是知识产权专利机构接受委托人的委托，基于委托人指定的信息对知识产权部门特别是专利局、商标局的相关公告进行在线检测，以达到委托人目的的活动，或者是企业或政府等为了特定目标，而对知识产权部门特别是专利局、商标局公告的相关信息进行的在线检测分析，从而达到其特定目的的活动。

技术检测是指对过去、现在和未来的科学、技术、经济和社会发展所进行的系统研究，是一种以科学技术信息、数据分析为基础，以信息科学前沿技术为手段，综合集成各方面专家的战略性智力，对科学技术活动进行动态监视、测量、分析及评估的方法。其目标是为技术管理及决策提供动态、准确的科学技术发展状态，从而把握技术机会，降低风险，提高效率。

（二）技术检测的过程与方法

技术检测的过程主要分为数据准备、数据挖掘和知识表现子系统。

（1）数据准备。技术检测的信息资源是指技术本身或与技术相关的一切信息，它包括各种期刊、专著、专利、报告和专家知识。

（2）数据挖掘。这一阶段主要是针对前一阶段获取的数据，采用数据挖掘的算法，在数据库中提取数据模式，并用一定的方法表达成某种易于理解的模式。根据某种兴趣的度量，对发行的模式进行解释、评估和价值判定，必要时需要返回前面处理中的某些步骤以反复提取。

（3）知识表现子系统。知识表现子系统主要是以统计表和可视化图像两种方式来返回技术检测的结果，最终生成某一领域的动态检测文字报告和可视化图像，提供给专家或专业人员，进行定性和定量的综合集成分析，提高决策和管理水平。

（三）专利地图在企业知识产权战略中的应用

专利作为技术信息最有效的载体,囊括了全球 90% 以上的最新技术情报。据世界知识产权组织估算，如果能够有效地利用专利信息，可以使企业研发工作平均缩短技术研发周期 60%，节约科研经费 40%。在基础专利掌握在他人手中的情况下，可以通过对专利技术信息的分析，不断创新，围绕基础专利申请许多外围专利，利用专利权的交叉许可制度获得基础专利的使用权或者迫使基础专利权人与之合作。因此，作为收集、整理、利用专利技术信息的专利地图，将在未来信息世界竞争中扮演举足轻重的角色，在企业制定知识产权战略中起到导航性的作用。

在企业知识产权预警机制中，专利地图起到了重要的作用。通过对专利地图的对比、分析和研究，企业可得到可资利用的技术水平、动态、发展趋势等信息。其中，专利管理图旨在了解某技术所处的发展阶段、主要竞争公司的研发实力及该技术的热点申请领域等重要信息；而专利技术图旨在从技术层面了解专利技术的未来趋势。它与技术研发方向的决策息息相关，为研发中的回避设计、技术地雷、技术挖洞等战略提供重要信息依据和参考，因而也是设计企业知识产权预警指标和预警模型的基本考量因素。以专利权利要求作为主要分析指标的专利权地图，揭示已有专利的权利要求范围、权利转让、侵权可能性、权利状态等信息，一方面可以规避已有技术保护和寻找技术空白点等，另一方面可以评估自身技术的可专利性和产业化前景。专利地图分类及其信息整合功能较好地体现了专利的经济性、技术性和法律性。其三类信息分析功能也是相辅相成、交叉进行的，从不同角度揭示出数据、要素以及各类指标之间的关联性，从而透视出相关信息对知识产权预警模型的参照价值。这不仅为企业知识产权预警指标的设计和预警模型的建立提供了科学依据，也为企业建立评价模型对知识产权预警模型进行综合评价和选择提供了客观依据。

当今，跨国公司通常采用两种方式打知识产权战。一种是"跑马圈地"，在产品进入其他国家之前首先申请专利和抢注商标，形成知识产权包围圈；另一种是"欲擒故纵"，有意放任进入国企业使用其知识产权，一旦这些企业发展到一定规模，就依法提起诉讼，要求高额赔偿。专利地图作为一种高效的收集、整理专利信息的工具，为企业建立专利预警机制提供了可资利用的信息库[1]，可帮助企业避免陷入跨国公司的"专利陷阱"。例如，国外公司惯用隐匿"授权人"真实身份的知识产权竞争策略，通过专利地图，可以把跨国公司用其他名字暗中部署的专利陷阱挖出来，了解其真正的实力，防止被其所伤[2]。

海尔集团作为我国成功打入国际市场的代表性企业，在专利信息利用上也很有远见。早在 1987 年，海尔集团就编制了产品专利简报，每月更新一次，使技术人员了解最新专利技术情况。随着海尔集团的产品出口越来越频繁，海尔集团对专利信息进行二次加工，建立了以主要竞争对手为对象的目标公司专利库和产品细分技术的专题库，防止自身产品有侵权的风险[3]。

---

[1] 陈荣，唐永林，严素梅. 建立专利预警机制减少知识产权纠纷 [J]. 科技情报开发与经济，2006, 16（6）：168-169.

[2] 王晋刚. 专利地图引导企业专利战略 [J]. 中国发明与专利，2008（5）：55-57.

[3] 朱江岭. 创新驱动发展战略下的知识产权保护与运用研究 [M]. 北京：海洋出版社，2016.

（四）专利导航

专利导航是指以专利分析为基础，以专利分析获取竞争情报，有效"导航"区域经济发展。导航工程的整体思路是"以政府为支撑，以企业为主体，以市场为导向"[1]。通过产业专利分析找出产业发展的薄弱环节和重点发展方向，结合本地区、本行业的技术、人才基础以及产业配套能力，对产业发展进行科学规划，使产业结构更加合理，实现产业发展从低端到高端的转变、产品从制造到创造与制造并举的转变[2]，达到辅助区域产业转型升级和经济结构调整决策的目的。并且通过完善专利转化、许可、交易、预警、运营等导航机制，以专利资源为纽带，引入各类资源要素，加强服务于产业发展的综合环境建设，实现专利引导、创新驱动、资源集聚；在关键技术领域形成专利优势，以专利资源引导并护航产业发展，建立产业自主可控发展模式，提升产业的自主发展能力[3]。专利导航产业发展将专利信息利用与产业发展紧密相连，专利信息分析和专利运用融入到试验区产业技术创新、产品创新、组织创新和商业模式创新的过程中，充分发挥导航引领的作用，以提高试验区产业自主发展实力，增强试验区企业参与国际市场的核心竞争力。按国家知识产权局专利导航试点工程设计目标，通过专利分析确定产业发展的重点，形成并支撑产业规划；对于企业而言，专利分析能使企业更加了解产业发展的趋势，主要竞争对手的动态，能够使企业避免专利侵权风险。

产业专利分析的工作内容主要由产业情报分析、产业专利分析和产业规划设计三部分组成。其中，产业专利分析是专利导航的核心内容，产业情报分析则是将专利分析成果与产业发展实际相结合的重要前提，产业规划设计则是综合产业情报分析与产业专利分析的成果，形成专利导航产业发展的建议和指导。其具体实践途径为：①启动产业专利分析工作；②加强产业专利

---

[1]　李琪、陈仁松. 浅谈专利导航产业发展的方法和路径 [J]. 中国发明与专利，2015（8）：21-23.

[2]　臧宇杰等. 地方财政推进专利导航产业发展的路径分析 [J]. 江苏科技信息，2015（3）：15-16.

[3]　岳朝辉. 关于建立专利运用导航产业发展新模式的若干思考 [J]. 河南科技，2013（13）：237-238.

分析项目实施进程控制；③积累专利分析过程中的有关数据，形成关键技术领域专利数据库；④完成产业专利分析报告，提出产业规划中重点发展领域的意见和建议。

第三节
知识产权价值分析

- - - - - - - - - - - - - - - - -

一、知识产权价值评估方法

知识产权价值的评估方法，是根据一定的评估思路，完成评估任务的技术性手段，是实现评估途径的具体形式。我们可以按照现行国有资产评估所使用的方法，根据不同的评估目的、对象，有选择地加以应用，其中主要有四种基本方法，分别是：市场法、成本法、收益现值法、实物期权法。

（一）市场法及其使用

知识产权估价的市场法是指利用市场上同样或类似知识产权的近期价格，经过直接比较或类似分析来估测知识产权价值的各种估价技术方法的总称。市场法是根据替代原则，采用比较和类比的思路及方法来判断知识产权价值的估价技术规程。市场途径的运用是充分地利用已被市场检验的知识产权成交价格，并以此来判断和估测被估价资产的价值。运用已被市场检验了的结论来对被估价对象进行估价，显然是容易被资产业务各当事人接受的[①]。因此，市场法是知识产权估价中最为直接、最具说服力的估价方法之一。当然，通过市场法进行资产估价需要满足两个最基本的前提条件：一是要有一个活跃的公开市场；二是公开市场上要有可比的知识产权及其交易活动。

市场法的使用要有以下几个方面的要求：①参照物与被估价对象在功能上要具有可比性，包括用途、性能上的相同或相似；②参照物与被评估对象的市场条件要具有可比性，包括市场竞争状况、市场供求关系等；③参照物成交时间与估计基准日间隔时间不能过长，要在一个适度的相隔时间内。

（二）成本法及其运用

知识产权估价的成本法是指在估价知识产权时，按照被估价知识产权的现时重置完全成本减去应扣除损耗或贬值来确定被估价资产价格的一种方法。运用成本法估价知识产权，是在确信知识产权具有现实或潜在的获利能力，但不易量化的情况下，根据替代原则，以知识产权的现行重置成本为基础判断其价值。

知识产权成本估价法的运用涉及四个基本因素：①知识产权的重置成本。简单来说，就是指在当前的条件下，重新取得该项知识产权需支出的全部费用。②知识产权的有形损耗。是指资产由于使用及自然力的作用，导致的资产损耗而引起的价值损失。③资产的功能性陈旧贬值。资产的功能性陈旧贬值是指由于技术进步引起的资产功能相对落后而造成的开发购置成本超过现行购置成本的超支额，以及原有资产的运营成本的超支额等。④资产的经济性陈旧贬值。资产的经济性陈旧贬值是指由于外部条件的变化引起资产闲置、收益下降等而造成的资产价值损失。

---

① 王燕，王煦．资产评估基本方法的比较与选择 [J]．现代管理科学，2010（3）：107-108．

（三）收益现值法及其应用

收益现值法是通过使用一种适当的还原利率，将被评估资产的未来收益折算为现值的评估方法。使用收益现值法的前提条件：一是被评估资产的未来预期收益可以预测，并可以用货币量来计量；二是与获得资产未来预期收益相联系的风险报酬也可以估算出来。用收益现值法对知识产权进行评估，主要有有限期收益现值法和无限期收益现值法两种。所谓有限期收益现值法，是指只将未来有限期限内的收益折现为现值；而无限期收益现值法是指假设一项资产可以永久性经营下去，则可获得永续性收益。

收益现值法涉及以下几个重要因素：知识产权应用的有效性、应用的范围与规模；获利期的长短、市场风险及有关参数等。不过，由于知识产权技术型资产形态的智能性、生产的唯一性等特点，因而不存在生产该技术的社会平均必要劳动量，只有个别的直接劳动量。另外，要正确地估计各种风险困难，确定还原理论，估计收益期等，计算起来十分困难。因此，用收益现值法估算知识产权的价值时不能简单地套用有形资产评估的收益现值法，在评估思路和具体方法上应有所创新。

（四）实物期权法及其应用实例

期权只有权利而没有义务，它规定期权持有者在给定日期或该日前之前的任何时间有权利以固定价格买进或卖出某种资产。实物期权是以期权概念定义的现实选择权，是与金融期权相对应的概念。实物期权法为企业管理者提供了如何在不确定性环境下进行战略投资决策的思路。实物期权的一般形式包括放弃期权、扩张期权、收缩期权、择机期权、转换期权、混合期权、可变成交价期权以及隐含波动率期权等。实物期权法是当今投资决策的主要方法之一，而二项式模型是目前应用最为广泛的实物期权估值方法，常见的实物期权有扩张期权、择机期权和放弃期权。

（1）扩张期权。知识产权扩张期权包括多种形式。例如，制造业公司小规模推出新产品，抢先占领市场，以后视市场的反应再决定扩张规模；医药公司要控制药品专利，不一定马上投产，而是根据市场需求推出新药。如果这些企业现今选择不投资，就失去了未来扩张的选择权。

（2）择机期权。对于知识产权投资，即使其项目具有正的净现值，也并不意味着立即开始投资就是最佳的。对于前景不明朗的项目，大多需要观望，看看未来的情况是更好还是更差。

（3）放弃期权。在评估知识产权项目时，通常选定一个项目的生命周期，并假设项目会进行到生命周期结束。而这种假设不一定符合实际。如果该项目执行后，实际产生的现今流量低于预期，投资人就会考虑提前放弃该项目。

二、企业专利价值评估模型

企业专利价值量化评估比单件的专利评估更为烦琐、复杂。当今，学者们大多借用无形资产评估金字塔的理论，构建出专利价值量化评估金字塔。

专利量化评估金字塔分为四层：基础层、影响因素层、方法层和解决方案层。

基础层包括专利价值量化评估的对象（包括企业实施的所有专利或预期将实施的专利）、目的（一般有进行专利交易、将专利作为资产进行投资、企业制定专利发展战略、专利侵权诉讼支持及赔偿的基础等目的）和评估工作中应注意的原则（包括科学性原则、实用性原则、定量与定性相结合的原则等）。

影响因素层包括法律（专利所处的审查阶段、专利的保护范围、专利的法律状态、专利类型）、技术（专利技术的成熟度、专利的应用范围、专利的生命周期）、风险（主要指投资风险、收益风险和管理风险）、企业（企业研发人员比例、专利重视程度、研发经费投入比例等）、市场（主要是指专利的市场需求度、市场竞争力和市场份额三方面对专利价值的影响）五个影响专利价值量化评估的因素。

方法层是指市场法、成本法、收益现值法和实物期权法等传统评估方法的适用性。

解决方案层即提出解决方案，具体操作是先通过实证分析法确定企业专利与收益之间的关系模型，然后用分级法或综合分析法确定专利收益贡献率，最后用企业未来收益与企业专利收益贡献率两者相乘得出企业专利价值。

进行企业专利量化时可以遵循以下步骤：

（1）收集数据，包括企业销售利润、专利数据，还有企业的商标状况，专利运用、保护情况等相关数据。

（2）假设企业专利拥有量与企业收益之间存在一个相关模型，并选取企业进行实证分析研究。

（3）根据专利交易中的利润分成率理论确定一个专利收益贡献率范围。

（4）分析影响企业专利价值和企业知识产权工作的因素，运用分级法对影响该企业专利价值的具体因素进行等级的划分，确定专利收益贡献率。

（5）根据步骤（2）确定的企业专利与收益之间的关系模型，预测出企业未来收益，再通过步骤（4）确定专利收益贡献率后，将企业未来收益与专利收益贡献率两者相乘，便可得到企业专利价值量化评估值。

第四章

大学生身边的知识产权

第一节
身边的知识产权案例

一、商标的那些事

案例 1："乔丹"和"乔丹体育"的多年"战争"

事件还原：乔丹体育股份有限公司是中国具有较高知名度的体育用品企业，在国际分类第 25 类、第 28 类等商品或者服务上拥有"乔丹"、"QIAODAN"等注册商标。迈克尔·乔丹，美国最伟大的篮球运动员，声名享誉海内外。2012 年，迈克尔·乔丹以争议商标（共 10 件）的注册损害其姓名权，违反 2001 年修正的《中华人民共和国商标法》（以下简称《商标法》）第三十一条关于"申请商标注册不得损害他人现有的在先权利"的规定等理由为由，向商标评审委员会提出撤销争议商标的申请。

判决结果：①最高人民法院对再审申请人迈克尔·乔丹与被申请人国家工商行政管理总局商标评审委员会（下称商评委）、第三人乔丹体育股份有限公司（下称乔丹公司）之间的 10 件商标争议行政纠纷再审案件予以公开宣判，判决认定涉及"乔丹"中文的 3 件争议商标注册损害了迈克尔·乔丹对"乔丹"享有的在先姓名权，乔丹公司对于争议商标的注册具有明显主观恶意，乔丹公司的 3 件"乔丹"商标应予撤销。②涉及"QIAODAN"、

"qiaodan"等商标的7件案件，最高人民法院认定迈克尔·乔丹对拼音"QIAODAN"、"qiaodan"不享有姓名权，驳回了迈克尔·乔丹的再审请求①。

图4-1　"乔丹体育"与迈克尔·乔丹商标争议

图片来源：①天天排行网，http://www.ttpaihang.com/vote/rankdetail-33605.html.②视频中国，http://www.china.com.cn/v/news/2013-07/17/content_29445713.htm.

从本案例可以看出，最高人民法院确认了体育明星乔丹与"乔丹"的对应关系，实际指明了法律需要维护高知名度公众人物的姓名权。姓名权是自然人对其姓名享有的重要人身权。随着我国社会主义市场经济不断发展，具有一定知名度的自然人将其姓名进行商业化利用，通过合同等方式为特定商品、服务代言并获得经济利益的现象已经日益普遍。名人代言日益成为经营者提升品牌形象、推销商品或者服务、扩大知名度的一种重要的营销手段，名人的姓名往往蕴含着巨大的商业价值，我国法律对姓名权中所蕴含的经济利益予以承认和保护。同时，乔丹体育拥有"qiaodan"拼音商标的权利，是对乔丹体育二十多年经营培育该品牌所付出的努力的认可，也是对正常商业行为的保护。不可否认的是，乔丹体育始终是对单一品牌进行推广，如果判决与"乔丹"相关的"qiaodan"商标也同时倒下，那么乔丹体育这家民营公司恐怕要损失巨大甚至消亡。

———————————

① 王伟仪.最高院很高明，乔丹和乔丹体育打了个平手[EB/OL].智合，2016-12-09.

案例2："滴滴打车"商标权侵权纠纷案

事件还原：睿驰公司是第35类和第38类"嘀嘀"和"滴滴"文字商标的权利人，前者核定服务项目为商业管理、组织咨询、替他人推销等，后者包括信息传送、计算机辅助信息和图像传送等。睿驰公司认为小桔公司经营的"滴滴打车"（最初为"嘀嘀打车"）在服务软件程序端显著标注"滴滴"字样，服务内容为借助移动互联网及软件客户端，采集信息进行后台处理、选择、调度和对接，使司乘双方可以通过手机中的网络地图确认对方位置，联系并及时完成服务，属于典型的提供通信类服务，还同时涉及替出租车司机推销、进行商业管理和信息传递等性质的服务，与睿驰公司注册商标核定的两类商标服务内容存在重合，侵犯其注册商标专用权，要求小桔公司停止使用该名称，公开消除影响[①]。

图 4-2　"嘀嘀打车"更名为"滴滴打车"

图片来源：福建联合信实律师事务所官网，http://www.fidelity-cn.com/xinshi/xsyj_show. php?id=25.

判决结果：通常情形下，确认是否侵犯商标权，应综合考虑被控侵权行为使用的商标或标识与注册商标的相似度，两者使用商品或服务的相似度，

———————————

[①]　北京市高级人民法院. 2015 年度北京市法院知识产权司法保护十大典型案例 [EB/OL]. 首都政法综治网，2016-04-14.

以及两者共存是否容易引起相关公众对来源的混淆误认等因素。

本案中，从标识本身看，小桔公司"滴滴打车"服务使用的图文组合标识具有较强的显著性，与睿驰公司的文字商标区别明显。睿驰公司的文字商标主要针对商务和电信两类服务，均非"滴滴打车"服务的主要特征，而是其商业性质的体现以及运行方式的必然选择。此外，考虑到睿驰公司商标、"滴滴打车"图文标识使用的实际情形，亦难以导致相关公众混淆误认。

综上所述，"滴滴打车"的服务内容与睿驰公司注册商标核定使用的类别不同，商标本身亦存在明显区别，其使用行为并不构成对睿驰公司的经营行为产生混淆来源的影响，小桔公司对"滴滴打车"图文标识的使用未侵犯睿驰公司商标权。据此，法院判决：驳回睿驰公司的诉讼请求。

案例 3："李逵"遇见了"李鬼"

事件还原： 海国福龙凤公司 1992 年成立，1996 年在第 30 类水饺、汤圆等商品上注册了"龍鳳"商标，经续展注册，该注册商标在有效期内。现如今，"龙凤"品牌已成为中国速冻食品的知名品牌。宁波龙凤公司成立于 1999 年，2012 年 4 月改为现有名称，生产汤圆等速冻食品，同时代销其他公司产品。2016 年 2 月，海国福龙凤食品有限公司就以侵犯注册商标专用权、不正当竞争等为由，将宁波龙凤食品有限公司以及经销商上海亿阳食品有限公司起诉至上海市浦东新区人民法院。虽然宁波龙凤公司近三年主要收入来源于代销其他品牌的速冻食品，但法院考虑涉案标识具有较高知名度，宁波龙凤公司同时实施了商标侵权行为及不正当竞争行为，侵权持续时间较长，主观上具有侵权的恶意①。

判决结果： 根据《中华人民共和国商标法实施条例》第七十六条规定，在同一种商品或者类似商品上将与他人注册商标相同或者近似的标志作为商

① 李哲哲. 此"龙凤"非彼"龍鳳"，"龙凤"汤圆傍名牌被判赔上百万 [J]. 中国知识产权，2016.

品名称或者商品装潢使用，误导公众的，属于《商标法》第五十七条第二项规定的侵犯注册商标专用权的行为。宁波龙凤公司在汤圆等速冻食品上使用含有"龙凤"字样的商品名称，如"宁波龙凤水果汤圆"、"宁波龙凤汤圆"，易使公众对商品来源造成误认，故法院判决宁波龙凤公司立即停止侵犯原告注册商标专用权的行为；变更企业名称，变更后的企业名称中不得含有"龙凤"字样；宁波龙凤公司赔偿经济损失及合理费用 113.688 万元。

本案中，宁波龙凤公司在网站、商品包装袋上标注"宁波龙凤食品有限公司"企业名称时，以较大的字号标注"宁波龙凤"字样，而以小得多的字号标注"食品有限公司"字样，且"宁波龙凤"字样的颜色也比"食品有限公司"更加醒目，这属于突出使用企业字号，主观上具有攀附原告"龍鳳"商标知名度的故意，客观上容易导致相关公众的混淆，其行为违反了诚实信用的原则及公认的商业道德，构成不正当竞争。

二、专利的那些事

案例 1："一种聊天机器人系统"发明专利权无效行政案

事件还原：智臻公司是名称为"一种聊天机器人系统"的发明专利的专利权人。2012 年 6 月，智臻科技以苹果公司推出的"Siri 语音助手"涉嫌侵犯其名称为"一种聊天机器人系统"的专利权，将苹果电脑贸易（上海）有限公司和苹果公司（Apple Inc.）诉至上海市第一中级人民法院，请求判令苹果电脑贸易（上海）有限公司及苹果公司立即停止制造、销售、使用侵犯该项发明专利权的产品。2012 年 11 月 19 日，苹果电脑贸易（上海）有限公司针对上述专利向国家知识产权局专利复审委员会（以下简称"专利复审委")提出专利无效宣告请求①。2013 年 9 月 3 日，专利复审委员会做出第 21307 号无效宣告请求审查决定，认定本专利符合《专利法》和《专利法实施细则》的相关规定，维持本专利权有效。苹果公司不服，提起行政诉讼。

图 4-3　苹果公司智能语音控制系统

图片来源：泡泡网，http://www.pcpop.com/doc/3/3253/3253491.shtml.

判决结果： 2013 年 9 月 3 日，专利复审委做出第 21307 号无效宣告请求审查决定，维持涉案专利权全部有效。苹果公司不服第 21307 号决定，向北京市第一中级人民法院提起行政诉讼。北京市第一中级人民法院做出一审判决认为，苹果公司以及涉案专利关于"根据区分结果将该用户语句转发至相应的服务器"的要求不清楚、关于"格式化语句和自然语言"的要求不清楚、涉案专利关于涉案权利要求缺少拟人化相关技术特征的多项主张均不能成立，据此判决维持被告国家知识产权局专利复审委员会做出的第 21307 号无效宣告请求审查决定。

苹果公司不服，向北京市高级人民法院提起上诉。苹果公司认为，涉案专利说明书公开不充分，不符合《专利法》第二十六条第三款的规定；涉案

---

① 北京市高级人民法院 . 2015 年度北京市法院知识产权司法保护十大典型案例 [EB/OL]. 首都政法综治网，2016-04-14.

专利权利要求不清楚，不符合《专利法实施细则》第二十条第一款的规定；涉案专利权利要求 1~9 缺少实现拟人化这一技术问题的必要技术特征，不符合《专利法实施细则》第二十一条第二款的规定；涉案权利要求得不到说明书的支持，不符合《专利法》第二十六条第四款的规定；涉案专利权利要求 1~11 相对于附件 1 及公知常识的结合不符合《专利法》第二十二条第二款、第三款所规定的新颖性、创造性。2015 年 4 月 21 日，北京市高级人民法院做出终审判决，撤销一审判决，撤销国家知识产权局专利复审委员会做出的第 21307 号无效宣告请求审查决定；要求国家知识产权局专利复审委员会就专利号为 200410053749.9、名称为"一种聊天机器人系统"的发明专利权重新做出无效宣告请求审查决定[①]。

案例 2：一支笔的纠纷

事件还原：晨光公司是一家主营文具的综合性公司，于 2009 年 11 月向中国国家知识产权局申请了 ZL200930231150.3 号外观设计专利，目前处于有效状态。2015 年 11 月，晨光公司发现得力公司制造并销售的得力思达波普风尚 A32160 中性笔与晨光公司的外观设计专利产品属于相同产品，且外观设计近似，另外，坤森公司亦在天猫商城未经原告许可销售侵权产品。晨光公司认为，得力公司、坤森公司的行为构成对晨光公司专利权的侵犯，故向上海知识产权法院（简称上海知产法院）提起诉讼，请求法院判令两被告立即停止侵犯其外观设计专利权的行为，销毁所有库存侵权产品以及制造侵权产品的专用设备、模具，被告得力公司赔偿原告经济损失 180 万元及合理费用 20 万元。

---

① Ives Duran. 最高院裁定提审"小 i 机器人"专利无效行政纠纷案 [EB/OL]. 知产力，2017-01-12.

图 4-4　严厉处罚侵权行为

图片来源：东莞时间网，http://news.timedg.com/2016-04/27/20417710.shtml.

判决结果： 上海知识产权法院认为，原告享有的专利权合法有效，应当受到保护。根据整体观察、综合判断的原则，被诉侵权设计在整体上采用了与授权外观设计近似的设计风格，其与授权外观设计的区别点不足以对整体视觉效果产生实质性影响，即不构成实质性差异。因此，被诉侵权设计与授权外观设计构成近似，被诉侵权设计落入原告外观设计专利权的保护范围。被告得力公司未经原告许可制造、销售侵权产品的行为，以及被告坤淼公司未经原告许可销售、许诺销售侵权产品的行为，构成对原告外观设计专利权的侵犯。被告得力公司实施了制造、销售侵权产品的行为，被告坤淼公司实施了销售、许诺销售侵权产品的行为，应当承担停止侵害的民事责任[1]。上海知产法院结合本案具体情况，酌情确定被告得力公司赔偿原告经济损失及合理费用 10 万元。

　　企业在经营和发展过程中，在对新产品的自主研发上应投入更多的精力，对于自身产品的研发过程中涉及的法律风险也应有较为专业的认知，如果认

---

[1]　一支笔引发专利纠纷，晨光、得力两大文具企业对簿公堂 [EB/OL]. 中国日报网，2016-12-14.

识不足、处理不当，不仅容易构成侵权，也会因此对自己的企业形象造成一定的冲击。

案例 3：富士胶片与 DHC 的专利之争

事件还原： 2015 年日本富士胶片公司以日本化妆品巨头蝶翠诗（DHC）的相关护肤产品侵犯其专利权为由，向东京地方法院提起诉讼。从 20 世纪 90 年代开始，全球性的数码化浪潮掀起，这对富士胶片产生了巨大冲击。于是富士胶片也开始寻求转型。2006 年，富士胶片转型研发和售卖化妆品。富士公司推出的艾提斯"ASTALIFT"子品牌护肤品中，有一个系列的化妆品为"虾青素"系列，"虾青素"是一种能紧致肌肤的成分，具有抗氧化功效，能够提高人体抗衰老能力。

日本蝶翠诗公司（DHC）是日本知名化妆品品牌。日本富士胶片公司于 2015 年 8 月 17 日向东京地方法院提起诉讼称，化妆品销售巨头蝶翠诗公司（DHC）的相关护肤产品侵犯其专利技术。日本富士胶片公司认为"DHC 虾青素系列"产品侵犯了富士化妆品"虾青素"的配方专利，侵权产品涉及"DHC 虾青素系列"的两款产品：DHC 虾青素凝胶和 DHC 虾青素化妆水[①]。

判决结果： 日本东京地方法院裁决，富士胶片在申请专利之前，网络上就已公布有使用同样成分的化妆品信息。基于此，可以推断出谁都可能参考此信息轻易发明，富士胶片的专利应判无效，并要求其撤回申诉请求，撤除其对 DHC 的专利侵权诉求。

知识产权专利是企业命脉，但无论对于胶片技术如何地执着，也抵挡不住数码时代的到来。柯达陨落，胶片相机退出了历史舞台，而富士胶片通过一系列主动的变革成功转型成为一家综合集团。从曾经单一的行业到今天覆

---

① 何琳玉. 胶片公司和化妆品公司打专利官司？我不是开玩笑 [EB/OL]. 知产力, 2015.

盖健康护理领域、数码影像领域、印刷、光学元器件、高性能材料以及富士施乐负责的文件处理六大事业领域的多元发展，富士胶片充分利用其核心技术，以及勇于突破自我的创新力和决断力，成功实现了"二次创业"。而与其隔海相望的柯达公司已经经历多次高层变动，甚至只能通过出售专利来勉强为生，不免让人唏嘘。也许富士胶片所经历的挑战和突破也能为今天面临同样创新转型的中国企业和地区经济发展带来更多的启示。

图 4-5　富士胶片与 DHC 的专利之争

三、著作权的那些事

案例 1：琼瑶诉于正侵害著作权纠纷案

事件还原：陈喆，笔名琼瑶，于 1992 年 10 月创作完成剧本《梅花烙》，1993 年 6 月 30 日在剧本基础上创作完成小说《梅花烙》。小说《梅花烙》作者署名是陈喆。余征（笔名于正）系剧本《宫锁连城》载明的作者，剧本创作完成时间为 2012 年 7 月 17 日，首次发表时间为 2014 年 4 月 8 日。剧本《宫锁连城》与剧本《梅花烙》相比，人物关系更复杂，故事线索更多。陈喆主张侵权的内容主要集中在剧本《宫锁连城》的前半部分，指控余征侵权了 21 个情节及其创编串联构成了原告作品《梅花烙》的主要及整体故事表达，被告仅仅是将角色身份做了重新变换，而人物关系以及情节互动给人一种强烈的"复制"之感，情节的相似已经到了连多处细节都相仿或者简单代换的地步[①]。

判决结果：《宫锁连城》剧本侵害了原告就《梅花烙》剧本和小说享有的改编权，《宫锁连城》电视剧侵害了原告的摄制权。判令被告：承担停止侵权；公开赔礼道歉、消除影响；赔偿原告经济损失及诉讼合理支出共计 500 万元。被告提出上诉，二审法院判决维持原判。

图 4-6　抄袭、抢夺创意

图片来源：赵国品.琼瑶维权　戏还没完[EB/OL].人民网，2014-12-26.

文艺作品的构成元素很多：情节发展、人物性格命运关系、时代背景、世界观设定，每个雷同的元素都有借鉴或抄袭的可能。从国家版权局的相关规定看，"抄袭的形式，有原封不动或者基本原封不动地复制他人作品的行为，

[①]　北京市高级人民法院. 2015 年度北京市法院知识产权司法保护十大典型案例 [EB/OL]. 首都政法综治网，2016-04-14.

也有经改头换面后将他人受著作权保护的独创成分窃为己有的行为，前者在著作权执法领域被称为低级抄袭，后者被称为高级抄袭。低级抄袭的认定比较容易。高级抄袭需经过认真辨别，甚至需经过专家鉴定后方能认定。在著作权执法方面常遇到的高级抄袭有：改变作品的类型将他人创作的作品当作自己独立创作的作品，例如将小说改成电影；不改变作品的类型，但是利用作品中受著作权保护的成分并改变作品的具体表现形式，将他人创作的作品当作自己独立创作的作品，例如利用他人创作的电视剧本原创的情节、内容，经过改头换面后当作自己独立创作的电视剧本"。

案例 2："超级 MT"著作权侵权及不正当竞争案

事件还原：乐动卓越公司是移动终端游戏《我叫 MT on line》、《我叫 MT 2》（统称《我叫 MT》）的著作权人。前述游戏改编自系列 3D 动漫《我叫 MT》。乐动卓越公司对游戏名称、人物名称享有独占被许可使用权，对人物形象享有美术作品的著作权。乐动卓越公司认为昆仑乐享公司、昆仑在线公司及昆仑万维公司未经其许可，在《超级 MT》游戏中使用与《我叫 MT》游戏名称、人物名称、人物形象相近的名称和人物，侵犯了乐动卓越公司的著作权。而且，三被告在《超级 MT》游戏中抄袭了《我叫 MT》游戏的名称，且两游戏的人物名称也十分相似。在游戏的宣传过程中，使用与《我叫 MT》游戏相关的宣传用语[①]。三被告的行为已构成不正当竞争行为，违反了《反不正当竞争法》第五条第（二）项、第九条第一款的规定。

判决结果：由于涉案游戏名称和游戏人物名称不构成作品，且被诉游戏亦未使用乐动卓越公司在其改编作品中的独创性表达，故三被告的行为未侵犯乐动卓越公司的著作权；乐动卓越公司的游戏名称及人物名称构成手机游

---

① 北京市高级人民法院 . 2015 年度北京市法院知识产权司法保护十大典型案例 [EB/OL]. 首都政法综治网 , 2016-04-14.

戏类服务上的特有名称，三被告在明知的情况下提供被诉游戏的下载及宣传，构成擅自使用原告知名服务特有名称的行为；昆仑乐享公司、昆仑在线公司、昆仑万维公司宣传的内容并非客观事实，构成虚假宣传行为。据此，法院判决：三被告停止不正当竞争行为；三被告连带赔偿经济损失和合理支出 535000 元。

图 4-7　动漫及手机游戏《我叫 MT》宣传图

图片来源：91手游网，http://game.91.com/zixun/wangyou/21563946.html.

案例 3：多如牛毛的音乐著作权侵权

音乐著作权是指音乐作品的创作者对其创作的作品依法享有的权利。主要包括：音乐作品的表演权、复制权、广播权、网络传输权等财产权利和署名权、保护作品完整权等精神权利。传统的侵权形式一般是盗版、翻录、复制以及通过不正当的方式下载等；网络音乐服务商（包括网站和 APP）在未授权的情况下无序非法传播；在直播平台、游戏、电影作品中以及商场、餐厅和 KTV 等场所大量存在又相对隐秘地未经授权使用；在未授权的情况下抄袭（部分引用）、改编或翻唱其他歌手的歌曲且作为商用等①。

2007 年百代、环球、华纳等十一大唱片公司分别起诉阿里巴巴公司，

① 数字音乐在国内外的版权之路 [EB/OL]. 知产力，2016.

称其歌曲享有的录音制作权并未授权于阿里巴巴公司经营的雅虎中文网站等相关网站传播或者通过链接方式传播上述录音制品，或对其进行在线播放和下载。法院最终判决，被告阿里巴巴公司的涉案行为属于通过网络帮助他人实施侵权的行为，侵犯了原告十一个唱片公司对涉案歌曲所享有的录音制作权中的信息网络传播权和获得报酬权，应当承担侵权的法律责任[①]。同样在2013年红遍全球的神曲"Blurred Lines"因涉嫌抄袭已故灵魂歌手马文·盖伊的作品"Gotto Give It Up"，被判赔 740 万美元（约 4600 万元人民币），成为美国音乐史上版权纠纷中赔款金额最高的案件。

2015 年 11 月，因为国家版权局《关于责令网络音乐服务商停止未经授权传播音乐作品的通知》限定的缓冲期到期，各大数字音乐平台对自身平台版权不明歌曲进行了清理。经过多次版权更迭，腾讯系、海洋系、阿里系国内三大主流互联网音乐平台 2016 年的版权格局已经基本确定。

毫无疑问，强调"付费"和保护音乐著作权本身并不是根本目的，而是希望借此促进音乐产业良性循环发展。如果著作权人的权益能得到充分保护、激励，消费者能享受到物有所值的消费体验，经营者也能通过丰富的经营模式从中获益。

在线音乐行业版权与付费是未来发展的必然趋势。多年来，很多人已经习惯不为音乐花钱，这种问题在我国视频等领域也同样存在。有媒体曾在网络做过一项调查，根据网友最终投票结果，愿意有偿下载网络音乐的网友仅占两成。如果网络音乐收费，多数网友表示将采取大量下载存储免费音乐的方式来应对。因此，用户习惯性不付费是推进音乐正版化亟须解决的问题，而培养用户习惯又是一个任重道远的过程，短时间内很难取得立竿见影的效果。

---

① 陈怡,袁雪石.网络侵权与新闻侵权 [M].北京：中国法制出版社，2010.

表4-1　互联网音乐平台版权格局

音乐平台	音乐版权授予方	涉及音乐人及版权	版权歌曲数量
QQ音乐（腾讯系）	华纳、索尼、杰威尔、英皇娱乐、华谊、福茂唱片、乐华娱乐、梦想当然、少城时代、CUBE、韩国YG娱乐、LOEN	**华语歌手：**张学友、庾澄庆、周杰伦、蔡依林、谢霆锋、容祖儿、范玮琪、A-Lin、张靓颖、周笔畅、萧敬腾、李荣浩、韩庚、鹿晗、黄子韬、张敬轩等 **欧美韩：**Justin Timberlake、席琳·迪翁、艾薇儿、林肯公园、BIGBANG、鸟叔等 **音乐综艺节目：**《我是歌手3》、《中国好歌曲2》、《中国好声音4》	1500万首
酷狗音乐（海洋系）	授权公司：索尼、华纳、环球、韩国CJ、海蝶、孔雀廊、丰华、种子音乐、天浩盛世、太合麦田、通力唱片、极韵文化 转授权公司：杰威尔音乐，福茂唱片，英皇唱片，韩国YG	**华语：**黎明、陈小春、吴奇隆、小虎队、杨千嬅、陶喆、品冠、柯有伦、林俊杰、后弦、杨宗纬、戴佩妮、黑豹乐队、杨坤、沙宝亮、谭维维、许嵩、黄雅莉、吉克隽逸、李荣浩、范冰冰、李冰冰、何润东、戚薇、徐浩、童可可等 **欧美韩：**张根硕等 **音乐综艺：**《蒙面歌王》等	近2000万首
阿里音乐	滚石、华研、相信音乐、BMG、寰亚	**华语：**李宗盛、周华健、张震岳、辛晓琪、梁静茹、任贤齐、刘若英、莫文蔚、伍佰、陈升、五月天、丁当、SHE、飞轮海、林宥嘉、倪安东、周蕙、动力火车、信等 **音乐综艺：**《中国好声音3》等	250万首+

资料来源：搜狐网，http://it.sohu.com/20151104/n425274504.shtml.

四、不正当竞争那些事

案例1：搜狗诉奇虎阻碍浏览器安装设置不正当竞争纠纷案

事件还原：搜狗科技公司与搜狗信息公司是搜狗浏览器和搜狗拼音输入法软件的相关著作权人。奇虎科技公司和奇虎软件公司同为"360安全卫士"安全软件的开发者、权利人和运营人。奇虎科技公司和奇虎软件公司利用360安全卫士软件，阻碍用户正常安装和使用搜狗浏览器，阻碍用户主动将搜狗浏览器设置为默认浏览器，捏造、散布"搜狗输入法捆绑浏览器、搜狗浏览器无360安全卫士无法卸载"等事实①。搜狗科技公司和搜狗信息公司认为上述行为构成不正当竞争。

判决结果： 法院认为：360安全卫士软件对搜狗浏览器在安装、设置默认浏览器过程中进行弹窗提示和直接干预，使用了"木马防火墙提醒您——风险"、"威胁"、"快速清除残余木马"等用语，构成对于搜狗浏览器软件的虚假描述；360安全卫士不经弹窗提示，直接阻止用户手动将搜狗浏览器设置为默认浏览器，剥夺了用户的知情权和选择权，破坏了搜狗浏览器正常的设置；360安全卫士对待不同企业的浏览器产品未做到一视同仁，对360浏览器和IE浏览器的相关安装与设置不作任何提示；360安全卫士官方微博发表"捆绑"等不实言论，捏造、散布虚假事实。综上，二被告上述行为违反了公认的商业道德，构成不正当竞争。

图4-8　360与搜狗之争

图片来源：网易，http://it.sohu.com/20151104/n425274504.shtml.

---

① 北京市高级人民法院.2015年十大创新案例[EB/OL].首都政法综治网，2016-04-14.

本案系安全软件不当干预和评价、阻止浏览器软件的典型案例，安全企业同时经营非安全类软件产品或服务时，既是裁判者，又是直接竞争者，应遵循以下原则：一是"最小特权"原则，在对其他软件进行干预时须以"实现其功能所必需"为前提，干预方式和程度应与被监督事项的安全程度相匹配，如实反映客观情况，并充分保证用户的知情权和选择权，不能有意阻碍竞争对手或代替用户做出选择。二是"一视同仁"原则，要对自身产品施以与竞争产品相同的审查标准和监督方式，不得采取歧视政策。

案例2："极路由"屏蔽视频网站广告不正当竞争纠纷案

事件还原：爱奇艺公司经营的爱奇艺网提供在线视频播放服务，在播放视频前播放广告，收取广告费获取商业利益。极科极客公司是"极路由"路由器的生产者和销售者，在其经营的极路由云平台上向用户提供其开发、上传的"屏蔽视频广告"插件。用户下载安装该插件后，通过"极路由"上网，可屏蔽爱奇艺网站视频的片前广告。爱奇艺公司认为上述行为构成不正当竞争。

判决结果：极科极客公司综合利用"屏蔽视频广告"插件和"极路由"屏蔽爱奇艺网站视频的片前广告，此行为必将吸引爱奇艺网站的用户采用上述方法屏蔽爱奇艺网站视频片前广告，从而增加极科极客公司的商业利益，减少爱奇艺公司的视频广告收入，导致爱奇艺公司和极科极客公司在商业利益上此消彼长，使本不存在竞争关系的爱奇艺公司与极科极客公司因此形成了竞争关系。爱奇艺公司提供在线视频播放服务并以片前广告获取商业利益，这一合法商业模式产生的商业利益依法应予保护。经营者可以通过技术革新和商业创新获取正当竞争优势，但非因公益必要，不得直接干预竞争对手的经营行为[1]。极科极客公司为获取商业利益,利用"屏蔽视频广告"插件直接

---

[1] 北京市高级人民法院 . 2015 年十大创新案例 [EB/OL]. 首都政法综治网 , 2016-04-14.

干预爱奇艺公司的经营行为，构成不正当竞争。

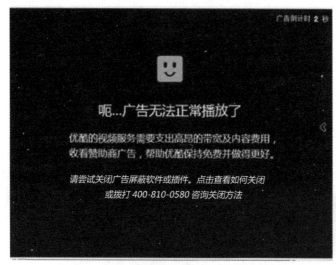

图 4-9　某视频网站屏蔽广告插件

图片来源：京华网，http://epaper.jinghua.cn/html/2015−07/03/content_212751.htm.

　　本案是首例硬件厂商屏蔽视频广告引发的不正当竞争纠纷，判决书在竞争关系认定和竞争行为正当性的分析上具有创新意义。判断经营者之间是否存在"竞争关系"不应以身份为标准，而应着眼于行为；不应从主营业务或所处行业出发界定其身份，而应从具体行为出发，判断其行为是否具有竞争性。互联网时代的竞争，呈现出超越国界、业界的特点。传统的行业界限变得模糊，跨界经营的难度明显降低，混业经营的现象明显增加。硬件厂商可以从事软件经营和网络服务行为，软件厂商和网络服务提供者也可以从事硬件经营行为。主营业务或所处行业不同的经营者，随时可能因业务拓展而产生竞争关系。技术革新应当鼓励，但对技术的使用不能突破法律限制。非因公益必要，经营者一般不得直接干预他人的经营行为。使用"屏蔽视频广告"插件看似符合消费者眼前利益，但长此以往必将导致视频网站经营者"免费＋广告"的商业模式难以为继，从而向收费模式转变，最终也将损害消费者的长远利益。

案例 3：脉脉与新浪微博不正当竞争纠纷案

事件还原：北京淘友天下技术有限公司、北京淘友天下科技发展有限公司负责经营的"脉脉"是一款移动端的人脉社交应用。上线之初因和新浪微博合作，用户可通过新浪微博账号和个人手机号注册登录脉脉，用户注册时还要向脉脉上传个人手机通讯录联系人。但新浪微博随后发现，脉脉用户的"一度人脉"中，大量非脉脉用户直接显示有新浪微博用户头像、名称、职业、教育等信息。此后双方终止合作，新浪微博提起诉讼，认为被告存在非法获取、使用新浪微博用户信息，非法获取并使用脉脉注册用户手机通讯录联系人与新浪微博用户的对应关系，以及发表言论诋毁公司商誉等行为[①]。

判决结果：北京知识产权法院认为，互联网络中，用户信息已经成为今后数据经济中提升效率、支撑创新最重要的基本元素之一。因此，数据的获取和使用，不仅能成为企业竞争优势的来源，更能为企业创造更多的经济效益，是经营者重要的竞争优势与商业资源。网络平台提供方（新浪微博）可以就他人未经许可擅自使用新浪微博注册用户的信息申请权利保护，因此法院认定北京淘友天下技术有限公司和北京淘友天下科技发展有限公司非法获取、使用新浪微博用户信息等行为构成不正当竞争。

这起案件表面上看是一件不正当竞争案件，本质上是个人信息保护之争。任何平台使用用户个人信息都应该经过用户本人同意。虽然大数据可以买卖，但是用户个人的隐私数据不属于大数据，擅自使用就是侵犯用户隐私权。互联网企业在获取用户数据时，首先要征得用户同意，并且只能在用户授权的范围内使用。平台方也有监管责任，一旦发现此类侵权行为，首先要向用户示警，并且可以根据与用户达成的使用协议，对第三方追责。作为第三方，开发者通过 Open API 获得用户信息时必须遵循"用户授权＋平台授权＋用

---

① 脉脉与新浪微博不正当竞争纠纷案尘埃落定：大数据有了"金钟罩"[J].中国知识产权,2016.

户授权"的原则，即用户同意平台向第三方提供信息、平台授权第三方获取信息、用户再次授权第三方使用信息，而且用户的同意必须是具体的、清晰的，是用户在充分知情的前提下自由做出的决定。

图 4-10　脉脉与新浪微博不正当竞争

图片来源：投资界网站，http://newseed.pedaily.cn/201605/201605041324610.shtml.

- - - - -

第二节

知识产权维权渠道

- - - - - - - - - - -

随着科技的高速发展，新型的知识产权不断涌现，知识产权纠纷越来越呈现出复杂化、专业化的特点，如何及时、高效地解决知识产权纠纷，已经成为现实中无法回避的问题。因此，为了适应知识产权的快速发展，提高对知识产权的保护力度，相关的维权渠道逐渐呈现出多元化的特点。

一、诉讼

在知识产权纠纷中，诉讼也往往会成为纠纷当事人的首选，知识产权纠纷司法救济方式主要包括诉讼判决和诉讼调解两种。诉讼判决和诉讼调解具有同等重要的作用，从最高人民法院历年来发布的中国法院司法保护状况来看，诉讼判决和诉讼调解均在知识产权纠纷解决中占据了主导地位。

诉讼具有程序法定性的特点，其从开始到终结，每一步都有着严格的法律要求，因此在司法实践中，案件的审理可能需要耗费较长的时间，而且相比于一般的民事案件，知识产权案件审理周期更为冗长。其主要原因有两点：一是知识产权纠纷所涉及的专业知识面广且法律适用难度大，在知识产权案件中，技术问题与法律问题往往交错在一起，使得案件更加具有复杂性，需要花费更多的时间来走完诉讼程序中的每一个步骤；二是知识产权的法定性使得知识产权具有民事和行政争议交叉的特点，也带来了知识产权纠纷的民事审理程序与行政纠纷的救济程序相互影响和制约的问题。但是，知识产权纠纷的诉讼周期越长，权利受保护的期限就越短，权利人就会获得越少的利益。因此，在提起知识产权诉讼之后，权利人除了要支付必要的诉讼费用、鉴定费用、律师费用之外，还要耗费大量的时间和精力，给当事人带来更大的损失。

二、行政救济

我国对于知识产权纠纷一直是采取司法救济与行政救济并行运作的双轨制体系，以司法救济为主，辅之以必要的行政救济手段，这也是我国知识产权纠纷解决机制最大的特点。我国的知识产权行政救济对于查处知识产权纠纷案件、鼓励公平竞争起到了一定的作用。

但是，由于我国现行的知识产权管理体系针对不同的知识产权客体设定了不同的行政主管部门。过多的行政主管部门不仅会增加行政管理的运营成本，造成人力、物力、财力的浪费，而且在实践中容易出现互相扯皮、推诿或者多头执法的现象，严重影响行政管理效率和政府形象。随着知识经济时代的到来，企业的知识产权保护意识开始不断增强，逐步加大对技术创新的投入，同时，企业对于保护自身知识产权的诉求也不断增多，这使得知识产权行政管理任务日益加重。

另外，知识产权行政救济方式自身也存在无法克服的缺陷。在我国现行的知识产权法律体系之下，行政主管部门对于知识产权侵权纠纷的查处，在侵权行为成立的情况下，仅可责令被查处人停止侵权行为，而对于损失赔偿问题仅有权对双方当事人进行调解，在调解不成的情况下，权利人只能启动司法救济程序。

三、仲裁

与司法救济和行政救济相比，仲裁具有一裁终局、无管辖权限制、程序方便快捷等优势，能够大大提高纠纷的解决效率。目前，我国在北京、上海、重庆、南京、厦门、南昌、武汉、深圳等地设立了知识产权仲裁中心或知识产权仲裁院，它们为知识产权纠纷提供专业、高效、便捷的仲裁服务，为纠纷当事人提供"自助式"服务，包括制定专门的审理程序、仲裁员名册和仲裁规则，以供当事人选用；当事人只需在合同中约定"双方同意将争议提交某某仲裁委员会仲裁"的条款，便可以在纠纷发生时选择该仲裁机构的专业仲裁员以及该仲裁机构的仲裁程序，由仲裁庭进行裁决。一经裁决，可在全球超过 130 个国家和地区执行。

目前，在我国的知识产权诉讼程序中，为了及时地制止侵权行为，避免可能继续的侵权行为进一步影响权利人的现有市场收益，也为了防止被告隐藏、毁灭证据，权利人可以在起诉前根据需要向法院提出诉前禁令或者诉前保全等，而我国的仲裁中并没有作出相关的规定。因此，权利人在面临知识产权纠纷时，为了及时保护自己的合法权益，避免损失的进一步扩大，往往会首选诉讼或者行政救济作为解决纠纷的方式。

- - - - -

第三节

大学生应树立知识产权意识

在知识经济时代，科技创新能力不仅指发明和创造科技成果的能力，还包括运用、保护、管理科技成果的能力。当代大学生的知识产权意识状况将直接影响我国知识产权战略实施和创新型国家建设。就高校而言，学校应当把学生科技创新能力培养作为应用型人才培养的重要内容来抓。由于文化、教育、制度及体制等因素的影响，大学生的知识产权意识总体上不容乐观。那么，在面对自我知识产权的保护和对他人知识产权的尊重时，大学生应该如何提升知识产权意识呢？

一、培养知识产权法律信仰

要想人们真正主动地遵守法律，必须让人们从内心深处产生一种认同的精神，也就是信仰。伯尔曼曾说过："法律必须被信仰，否则它将形同虚设。"

知识产权法律信仰的重要因素之一是人的主体性需要。知识产权法律信仰的主体性主要是指人们信仰活动的自动性和内趋性。没有被信仰者及信仰者的参与，知识产权法律信仰就会失去根基。单靠宣传、灌输或单靠社会主体的主观努力，都是难以有效树立法律信仰的，它需要主体与客体的相互作用，在互动的实践中形成①。大学生培养知识产权法律信仰有助于强化权利意识，更有助于大学生吸收先进的知识产权文化，进而推进知识产权制度在大学校园乃至全社会的实施。

二、加强道德教育与自我约束

知识产权意识体现了人们对知识产权的思维方式和文化取向，因此需要充分利用舆论宣传，倾力打造崇尚创新、诚信守法的社会风尚，对民众心理要逐步导入侵犯知识产权的违法犯罪感和羞耻感。大学时期是人生形成自觉道德意识的重要阶段，要加强大学生道德教育，使个别有侵害知识产权行为的学生受到道德舆论的压力②。此外，高校作为人才集聚的地方，要加强对传统文化的研究，对尊重知识、促进知识生产的积极思想予以弘扬，对阻碍知识传播及约束创新的糟粕要予以剔除，特别是在大学生管理教育中，要通过体育赛事、社团活动等加强对大学生正当竞争意识和权利意识的培养。

由于我国社会尚未形成良好的知识产权保护氛围，现实生活中仍存在充斥大量假冒商标、销售盗版制品等现象，大学生的经济实力不足往往导致其无法抵制侵权、盗版产品价格低廉的诱惑，这在一定程度上也助长了侵权行为的发生。大学生应该自我约束，拒绝盗版和侵权行为。

---

① 胡神松. 当代大学生知识产权素质提升路径研究 [J]. 学校党建与思想教育,2013（S1）：60-61.
② 丛雪莲. 知识经济时代大学生知识产权意识的培养 [J]. 思想教育研究，2011（12）：75-77.

三、增强创新和运用知识产权的能力

知识产权文化本质上是一种创新文化，创新是知识产权战略的核心。据调查，我国学生的创新意识和能力呈递减趋势，这必将影响我国知识产权战略的实施。创新意识的培养有利于推动高校大学生强化作为知识产权制度受益者的角色认知，更好地体会到知识产权的重要性，甚至有利于大学生尊重和保护他人的知识产权。为此，一方面，大学生要积极主动参加科技创新活动，强化自己的实践能力与创新能力的培养；另一方面，大学生要加快实现科技成果的转化，在学校的指导帮助下，紧抓"科研"与"创业"两条主线，以理论学习为主、实践活动为辅，谨慎选择科技成果创业项目，加快实现科技成果转化，使其从创新中受益，从而激发其继续创新的兴趣，进而提高其知识产权意识[①]。

四、主动提升知识产权文化素养

知识产权涉及多门学科知识的融合交叉，要学好知识产权即意味着需要文理兼备、法律与科技并举，同时对于经济学分析等方面的知识也要有所掌握。这就要求大学生主动学习多门与知识产权相关的科学文化知识，多读有关知识产权类的书籍，理工科学生要注重对于专利权、著作权的申请及运用内容的学习，管理类学生要注重对知识产权管理及交易等相关知识的学习。此外，大学生要积极参与实践，将个人所学到的知识产权知识运用到现实社会的生活、学习和工作中，真正做到"外化于行"。

---

① 陈士林,苏益南,何铭.高校大学生知识产权意识提升研究 [J]. 中国高教研究,2012（5）：77-81.

参考文献

.

［1］J.M. 穆勒. 专利法［M］. 北京：知识产权出版社，2013.

［2］Jay Dratler. 知识产权许可（下）［M］. 北京：清华大学出版社，2003.

［3］波特. 技术挖掘与专利分析［M］. 北京：清华大学出版社，2012.

［4］布拉德·谢尔曼，莱昂内尔·本特利，谢尔曼等. 现代知识产权法的演进：英国的历程（1760~1911）［M］. 北京：北京大学出版社，2012.

［5］曾陈明汝. 商标法原理［M］. 北京：中国人民大学出版社，2003.

［6］陈传夫. 高新技术与知识产权法［M］. 武汉：武汉大学出版社，2000.

［7］陈传夫. 信息高速公路知识产权问题探讨［J］. 情报学报，1999，18（1）：63-68.

［8］陈剑玲. 美国知识产权法［M］. 北京：对外经济贸易大学出版社，2007.

［9］陈燕，黄迎燕，方建国. 专利信息采集和分析［M］. 北京：清华大学出版社，2006.

［10］陈仲伯. 专利信息分析利用与创新［M］. 北京：知识产权出版社，2012.

［11］费安玲. 论防止知识产权滥用的制度理念［J］. 中国社会科学，2013，18（1）：3-10.

［12］冯晓青.非物质文化遗产与知识产权保护［J］.知识产权，2010，20（3）：15-23.

［13］冯晓青.论知识产权的若干限制［J］.中国人民大学学报，2004，18（1）：87-94.

［14］富田彻男.市场竞争中的知识产权［M］.北京：商务印书馆，2000.

［15］高崇慧.论传统知识的知识产权保护［M］.北京：法律出版社，2006.

［16］高富平.寻求数字时代的版权法生存法则［J］.知识产权，2011（2）：10-16.

［17］胡开忠.知识产权法比较研究［M］.北京：中国人民公安大学出版社，2004.

［18］胡良荣.利益平衡：论商业秘密的竞争法保护与规制——以《关于滥用知识产权的反垄断执法指南》为视角［J］.知识产权，2016（12）：52-57.

［19］姜伟.知识产权刑事保护研究［M］.北京：法律出版社，2004.

［20］焦洪涛.知识产权资产证券化［J］.科技与法律，2004.

［21］科易.专利转让中如何避免风险［J］.发明与创新，2012（2）：52-53.

［22］孔祥俊.WTO知识产权协定及其国内适用［M］.北京：法律出版社，2002.

［23］李明德.美国知识产权法［M］.北京：法律出版社，2003.

［24］李萍.当代外国商标法［M］.北京：人民法院出版社，2003.

［25］李扬.网络知识产权法［M］.北京：湖南大学出版社，2002.

［26］李扬.知识产权基础理论和前沿问题［M］.北京：法律出版社，2004.

［27］李永明.商业秘密及其法律保护［J］.法学研究，1994（3）：46-54.

［28］刘春茂.知识产权原理［M］.北京：知识产权出版社，2002.

［29］刘剑文.TRIPs视野下的中国知识产权制度研究［M］.北京：人民出版社，2003.

［30］刘明珍.中国企业自主知识产权和知名品牌发展研究［J］.中国软科学，2006（3）：123-131.

［31］马天旗.专利分析：方法、图表解读与情报挖掘［M］.北京：知识产权出版社，2015.

［32］缪剑文，刘遥.知识产权与竞争法［J］.法学，1999（6）：42-47.

［33］乔生.我国知识产权保护的现状与思考［J］.法商研究，2002（3）：120-126.

［34］沈玉忠.侵犯商业秘密罪中"重大损失"的司法判定——以60个案例为样本［J］.知识产权，2016（1）：63-68.

［35］孙国祥，韩光军.论完善知识产权出资制度［J］.当代法学，2002（4）：86-87.

［36］王莲峰.商标法第三次修改的相关问题探讨——兼谈《商标法修改草稿》［J］.知识产权，2008，18（4）：75-78.

［37］王迁.版权法保护技术措施的正当性［J］.法学研究，2011（4）：88-105.

［38］王先林.若干国家和地区对知识产权滥用的反垄断控制［J］.武汉大学学报（哲学社会科学版），2003，56（2）：154-159.

［39］王先林.知识产权与反垄断法：知识产权滥用的反垄断法问题研究［M］.北京：法律出版社，2001.

［40］韦之.知识产权论［M］.北京：专利文献出版社，2002.

［41］吴汉东，胡开忠.走向知识经济时代的知识产权法［M］.北京：法律出版社，2002.

［42］吴汉东.关于知识产权基本制度的经济学思考［J］.法学，2000

（4）：33-41.

［43］吴汉东.关于知识产权私权属性的再认识——兼评"知识产权公权化"理论［J］.社会科学，2005（10）：58-64.

［44］吴汉东.国际化、现代化与法典化：中国知识产权制度的发展道路等［J］.法商研究，2004（3）：59-60.

［45］吴汉东.知识产权保护论［J］.法学研究，2000（1）：68-79.

［46］吴汉东.知识产权国际保护制度的变革与发展［J］.法学研究，2005（3）：126-140.

［47］谢寿光.知识产权论［M］.北京：社会科学文献出版社，2007.

［48］徐明华，包海波.知识产权强国之路［M］.北京：知识产权出版社，2003.

［49］薛虹.数字技术的知识产权保护［M］.北京：知识产权出版社，2002.

［50］薛虹.知识产权与电子商务［M］.北京：法律出版社，2003.

［51］杨成良.商业秘密法律保护的国内外视野思考［J］.人民论坛，2016（17）：236-238.

［52］衣庆云，查世名.专利权出资的风险及防范［J］.知识产权，1999（6）：22-23.

［53］尹田.论物权与知识产权的关系［J］.法商研究，2002（5）：13-16.

［54］袁晓东，李晓桃.专利资产证券化解析［J］.科学学与科学技术管理，2008，29（6）：56-60.

［55］张广良.知识产权运用与保护研究［M］.北京：知识产权出版社，2009.

［56］张乃根.国际贸易的知识产权法［M］.上海：复旦大学出版社，1999.

［57］张平，马晓．标准化与知识产权战略［M］．北京：知识产权出版社，2002．

［58］张文德．知识产权运用［M］．北京：知识产权出版社，2015．

［59］张玉敏．知识产权的概念和法律特征［J］．现代法学，2001，23（5）：103-110．

［60］章兰芳．我国专利权质押实证研究［D］．重庆：西南政法大学硕士学位论文，2011．

［61］赵秉志．侵犯知识产权犯罪研究［M］．北京：中国方正出版社，1999．

［62］赵霞．论知识产权法的体系化［M］．北京：北京大学出版社，2005．

［63］赵元果．回顾：中国专利法的孕育与诞生［J］．中国发明与专利，2007（2）：27．

［64］郑成思．版权法［M］．北京：中国人民大学出版社，1997．

［65］郑成思．反不正当竞争——知识产权的附加保护［J］．科技与法律，2003，13（4）：21-24．

［66］郑成思．论知识产权的评估［J］．法律科学，1998（1）：44-52．

［67］郑成思．侵权责任、损害赔偿责任与知识产权保护［J］．中国专利与商标，2003，25（129）：458-467．

［68］郑成思．世界贸易组织与贸易有关的知识产权［M］．北京：中国人民大学出版社，1996．

［69］郑成思．世界贸易组织与中国知识产权法［J］．云南大学学报（法学版），2001，14（3）：1-7．

［70］郑成思．知识产权、财产权与物权［J］．中国软科学，1988(6)：23-29．

［71］郑成思．知识产权价值评估中的法律问题［J］．中国软科学，1998，206（4）：102-108．

［72］郑成思 . 知识产权价值评估中的法律问题［M］. 北京：法律出版社，1999.

［73］郑成思 . 知识产权论［M］. 北京：法律出版社，1998.

［74］郑成思 . 知识产权与国际关系［J］. 知识产权，1995（1）：6-9.

［75］郑成思 . 中国侵权法理论的误区与进步——写在《专利法》再次修订与《著作权法》颁布十周年之际［J］. 中国工商管理研究，2001（2）：4-8.

［76］朱雪忠，佘力焓 . 专利审查高速路制度的成效、困境与对策［J］. 知识产权，2015（6）：87-93.

［77］朱雪忠 . 知识产权协调保护战略［M］. 北京：知识产权出版社，2005.

［78］邹小芃，王肖文，李鹏 . 国外专利权证券化案例解析［J］. 知识产权，2009，19（1）：91-95.

致　谢

　　本书编者感谢在本书编撰过程中提供过宝贵意见的专家和同行。南京工业大学经济与管理学院的六位硕士研究生在搜集和整理资料方面也做了大量支持性工作，分别是赵思维（第一章）、甄伟军（第一章）、张宁宁（第二章）、刘莹莹（第二章）、陈鹏龙（第三章）和石梦珂（第四章），在此分别对他们的工作表示感谢。